HEI DE VENCER

ARTHUR RIEDEL

HEI DE VENCER

O poder do otimismo na vida diária

Ilustrações de
JOÃO ALVES DA SILVA

Prefácio de
EDGARD CAVALHEIRO

Editora Pensamento
SÃO PAULO

Texto de acordo com as novas regras ortográficas da língua portuguesa.

33ª edição 2017.

Editor: Adilson Silva Ramachandra
Editora de texto: Denise de Carvalho Rocha
Gerente editorial: Roseli de S. Ferraz
Produção editorial: Indiara Faria Kayo
Editoração eletrônica: Join Bureau

Dados Internacionais de Catalogação na Publicação (CIP)
(Câmara Brasileira do Livro, SP, Brasil)

Riedel, Arthur
Hei de vencer: o poder do otimismo na vida diária / Arthur Riedel; ilustrações de João Alves da Silva; prefácio de Edgard Cavalheiro. – 33. ed. – São Paulo: Editora Pensamento, 2017.

ISBN 978-85-315-1988-8

1. Autoajuda – Técnicas 2. Autorrealização (Psicologia) 3. Conduta de vida 4. Desenvolvimento pessoal 5. Felicidade I. Silva, João Alves da. II. Cavalheiro, Edgard. III. Título.

17-09640 CDD-158.1

Índice para catálogo sistemático:

1. Autoajuda : Psicologia aplicada 158.1

Rua Dr. Mário Vicente, 368 – 04270-000 – São Paulo – SP
Fone: (11) 2066-9000 – Fax: (11) 2066-9008
http://www.editorapensamento.com.br
E-mail: atendimento@editorapensamento.com.br
Foi feito o depósito legal.

Sumário

Prefácio

Hei de Vencer não constitui, rigorosamente, um livro, uma obra pensada e escrita pelo autor. A modéstia de Arthur Riedel não lhe permitiria a presunção de encimar, com o seu nome, as páginas de um livro. Mas seus admiradores e discípulos tiveram a excelente ideia de registrar algumas das palestras que ele fez, e a reunião de oito dessas conversas, mais um artigo explicando a origem da ultraconsagrada frase "Hei de Vencer", a transcrição do poema "Triunfo" e da página de sua irmã, Cinira

Riedel, formam este precioso volume, digno, por todos os títulos, de levar às gerações futuras o nome do professor Riedel. Não creio ter passado pela cabeça do autor reuni-las em livro, embora o apostolado, a que se dedicou com tanta perseverança e desinteresse, assim o exigisse; pois, apesar de se locomover por todos os cantos do país, falando a plateias as mais distintas, não lhe era possível, evidentemente, ser ouvido por todos. E estamos certos de que as suas palavras mereciam a atenção, não de milhares, mas de milhões de brasileiros. Além disso, as gerações vindouras não gozarão o privilégio de ouvi-lo, pois a morte silenciou a sua voz. Este volume falará, portanto, por ele, e também, principalmente, dele, pois a verdade é que o professor Riedel está inteirinho nestas páginas. Toda a razão de ser de suas ideias e de sua conduta diante da vida ele expôs, com clareza e precisão, graça e segurança, aos seus auditórios.

Num certo sentido estas palestras representam o roteiro por ele percorrido até chegar à síntese admirável do "hei de vencer". Cinira Riedel já nos deu alguns dados de sua biografia. Mas em um homem como Arthur Riedel, o que menos importa serão talvez esses andares do progresso dentro da sociedade em que viveu. Que tenha sido isto ou aquilo, professor ou comerciante, homem rico ou pobre, solteiro ou casado, são acidentes por assim dizer. O que importa é a circunstância de estarmos diante de um raro exemplar humano, de um ser que afirmava, com muita convicção e firmeza, estas eloquentes palavras: "Sou um homem feliz". Feliz, por quê? Por ter vencido nos negócios e amealhado fortuna? Feliz por ter feito um ótimo casamento ou ter filhos inteligentes e bons? Feliz por receber da sociedade honrarias e prêmios? Feliz por possuir uma bela casa, ter feito grandes viagens ou lido belos livros?

Nada disso. Ao professor Riedel tais preocupações seriam, quando muito, acessórias. Sua felicidade provinha de outros fatores. Originava-se da convicção, certa e inabalável, de que encontrara a si mesmo, de que a felicidade estava dentro dele mesmo, e que lhe era possível, depois de tê-la conquistado, prendê-la para todo o sempre.

Sua experiência espiritual, evidentemente, não é nova. Outros, antes e depois, percorreram o mesmo caminho e chegaram a conclusões idênticas. Mas poucos, como ele, souberam transmitir, aos que ainda se encontram perdidos na escuridão, a lição de sua experiência, a sabedoria de sua vida. Acontece que o professor Riedel sempre foi um homem simples, a linguagem com que se dirige aos seus ouvintes é a linguagem de um homem despido de pretensões. Não é o orador que diante do auditório procura a frase de efeito, a palavra sonora. Diz as coisas como elas são, em palavras que qualquer leigo entenderá logo de saída. E o que nos parece mais interessante: ilustra sempre as afirmativas que faz com pequenos casos ou ligeiras anedotas que esclarecem mais e melhor do que qualquer torneio de frase. Sirva de exemplo a história, citada por Freud, da vasilha cheia de água impura. Se quisermos substituir essa água por uma água pura, mas não podendo despejá-la do balde, como fazer? Abrir sobre ele uma torneira com água pura. Assim, a água irá saindo pouco a pouco e no fim de algum tempo a água impura se tornará pura. Ou então aquela admirável história da peste que ia chegando a determinada cidade em companhia da morte. Ou ainda, a historieta das rãs que haviam caído numa vasilha com leite. Uma rã, diz ele com seu típico bom humor, era da escola do "hei de vencer". A outra, era uma rã que aceitava o destino pelo destino, porque estava escrito que não adiantava lutar contra a corrente. A rã do "hei de vencer" começou a nadar e a dizer: "hei de vencer, hei de vencer..." A outra rezava e dizia: "Seja feita a vontade de Deus". A primeira batia os pés, mexia-se toda, forcejava por sair da vasilha. A segunda, desanimada, só sabia dizer: "Minha irmã, por que esse esforço? Não adianta cansar-se; daí você não sai mesmo". A rã perseverante respondia: "Saio, sim. O professor Riedel diz que devemos vencer; portanto, 'hei de vencer'". E aconteceu o inesperado — de tanto bater os pés, o leite virou manteiga e a rã pôde firmar-se e saltar fora da vasilha. Sua irmã, entregue ao fatalismo, encontrou a morte no fundo da vasilha.

Mas das pequenas histórias ilustrativas do professor Riedel prefiro a do espelho. Dois homens viram-se pela primeira vez diante de um espelho. Um deles, ao ver-se reproduzido, fez uma careta, imediatamente respondida. Aumentou a carantonha. Também o espelho aumentou a carantonha. Irritou-se. O gesto foi fielmente reproduzido. Cuspiu. Idem. Nervoso, já fora de si, investiu contra o espelho. Este, como era natural, partiu-se, ferindo o homem. O segundo, ao contrário, ao ver aquela figura diante dele, deu um risinho meio encabulado. O de lá devolveu-lhe o sorriso, com o mesmo encabulamento. Deu uma risada melhor. A risada que recebeu de volta estava no mesmo nível. Gargalhou. Recebeu uma gargalhada.

Não é preciso dizer que a segunda atitude é a que o professor Riedel assumiria diante de qualquer espelho.

Era um otimista. Mais do que isso: um mestre da vida. O título que lhe davam e a que tinha direito era o de professor. Um belo título, sem dúvida alguma. No começo, professor de letras primárias. Mais tarde, professor de otimismo. Discípulo de Emílio Coué, dele tomou a frase: "Todos os dias, sob todos os aspectos, sinto-me cada vez melhor". Mas, embora esplêndida, era uma frase um pouco comprida. Personalizou-a, sintetizando-a neste admirável "hei de vencer", lema que está hoje — quantos saberão que é dele a ideia e a preocupação de divulgá-la? — inscrito em milhares de lares e de escritórios. Está claro que não foi somente ler a frase de Coué, transformá-la no "hei de vencer" e sair cantando pelas ruas. Não. Essa frase foi a princípio repetida em todos os sons e horas. Chegou mesmo a adotar um cordel cheio de nós. "Quando a crise vinha, tomava do cordel e, desfiando cada nó, como um rosário, repetia: 'Todos os dias, sob todos os aspectos, sinto-me cada vez melhor'. A melhora foi lenta. Começou a dominar sua vontade, a ser senhor de si mesmo. Venceu a crise que o assaltara. Não sendo um homem egoísta, tratou de passar o tratamento a terceiros. Quando percebeu, estava diante de um auditório. E durante trinta anos pregou a autossugestão mental, o desenvolvimento da vontade. Ensinou milhares de pessoas a ser donas de si mesmas. Adonai Medeiros, um discípulo, atesta: "Assisti a várias de suas 'aulas', como assim chamava, e que eram verdadeiras 'sessões' de cura. Um público regular o escutava e era de ver a alegria com que prestava atenção a quem lhe invadia o íntimo, desvendando um novo mundo, mais bonito que aquele em que vivemos. Fora com tudo que vem nos entristecer, com aborrecimentos, com as preocupações pueris, com as diversas sensações determinadoras de conflitos neuropatológicos. O professor não cuidava de polir as frases e torná-las acadêmicas. Suas palavras, ditas com naturalidade, saíam cheias de fluidos contagiantes e iam diretas ao consciente de cada um".

Este livro continuará o apostolado do professor Riedel. Os editores mantiveram, nestas páginas, o mesmo tom despretensioso e usual das conversas. Foi um bem. Os leitores talvez consigam sentir o timbre de voz do seu autor. De uma coisa estamos certos: estas palavras continuarão a fazer discípulos, continuarão a espalhar a lição que foi a constante preocupação de Arthur Riedel, e que poderia ser sintetizada nestas frases: "Tudo te será dado, se souberes imaginar com clareza e constância aquilo que desejas. Se não obténs o que pedes, é porque não sabes pedir e nem sabes o que pedes. Aprende a cultivar uma imaginação positiva, para benefício teu e de todas as criaturas. Grava em tua memória que a imaginação é uma força poderosa!"

EDGARD CAVALHEIRO

AMIGO

Lê, porque desejo o teu TRIUNFO

Arthur Riedel

TUDO te será dado, se souberes imaginar com clareza e constância aquilo que desejas. Se não obténs o que pedes, é porque não sabes pedir e nem sabes o que pedes. Aprende a cultivar uma imaginação positiva, para benefício teu e de todas as criaturas. Grava em tua memória que a imaginação é uma força poderosa.

RUÍNAS, fracassos, enfermidades e humilhações que te aborrecem foram atraídos por teus pensamentos negativos. Procura descobrir o lado bom de todas as coisas, em ti e em teus próprios inimigos! Segue avante!

IRMÃO! O temor, o ódio, a vaidade, o orgulho, a inveja, o egoísmo e a luxúria são pensamentos negativos, culpados da tua derrota. Sê digno de ti mesmo e repele-os para sempre, a fim de venceres na vida.

UMA mente positiva só irradia amor, confiança, paz, segurança, saúde, tolerância, caridade, agrado, serenidade e abundância. Só isto vence na vida. Aprende a ser positivo e a felicidade virá ao teu encontro.

NUNCA faças a outrem o que não desejas a ti próprio, porque, se é verdade que podes pensar positiva e negativamente, também é certo que o que desejares ao teu próximo receberás em dobro!

FORMASTE no passado imagens negativas, que se materializaram e agora te perseguem. Pois bem, a arte de destruí-las está em cultivares unicamente bons pensamentos. Experimenta e verás!

OS PENSAMENTOS bons modificam a tua saúde, o teu ambiente e a tua vida. Se queres melhorar de sorte, melhora também os teus pensamentos, pensando unicamente no Bem!

1

Como me Veio o "Hey de Vencer"

Quando eu era pequeno — e quantos anos já se passaram! — escrevia, na época do Natal, bilhetes para o Papai Noel. Escrevia não é bem o termo, porque eu mal falava, e se tomava o lápis era para rabiscar uma folha de papel, riscos para baixo, riscos para cima, uma espécie de hieróglifos, língua que ninguém entendia. Escrito tatibitate... E ia, correndo, colocar na caixa do correio, que havia no portão de nossa casa, o bilhete para Papai Noel. Pedia — e pode alguém escrever para o Papai Noel que não seja pedindo? — um cavalinho de pau, um tambor, um fantoche, soldadinhos de chumbo... e na festiva manhã que comemorava o nascimento do Nazareno, ia espiar o sapato que eu havia deixado aos pés da cama e lá encontrava o tão ambicionado presente. Papai Noel decifrava os meus rabiscos e trazia-me tudo quanto eu lhe pedia.

Cresci e sempre pelo Natal compunha meus bilhetes, já então com letra desenhada, e sujeito e verbo combinados, e cada vez querendo novas coisas: velocípede, patinete, livros de histórias, e pela manhã encontrava sempre o que tinha pedido. Papai Noel lia meus bilhetes, atendendo sempre as minhas solicitações...

Mas, na mesma caixa em que depositava tais bilhetes, o Justino, filho da cozinheira Tia Rosa, colocava também os seus "bilhetes-pedidos", e estes não eram atendidos! Ele ganhava uma roupa nova, um par de sapatos, mas nunca os brinquedos solicitados, que eram sempre coisas guerreiras, pois o sonho de Justino era ser general. Eu não podia crer que Papai Noel não entendesse a letra do Justino, porque era eu quem escrevia os bilhetes por ele.

Continuei pela vida afora a escrever bilhetes para o Papai Noel e então já não era só no Natal. Quando dependia de um exame, ao desejar passar as férias na fazenda, qualquer coisa que desejasse, lá ia o bilhete para o Protetor. E ele sempre me atendia...

Fiz-me moço, ou o tempo me fez moço, e já não escrevia os bilhetes em papel, mas fazia meus pedidos depois de enrolar um Pai-Nosso. Bilhetes mentais, mas sempre pedidos. E sempre atendidos. Olhava em torno e tinha a vaga desconfiança de gozar de proteção especial, porque outros que rezavam com mais fé não eram atendidos.

Depois disso continuei sempre a escrever bilhetes para o Papai Noel, mas não era mais atendido. A vida desabou sobre mim todas as dores e todos os sofrimentos. Desequilíbrio psíquico impossibilitando-me os estudos e o trabalho, morte de seres queridos, fome, e Papai Noel não mais atendia meus bilhetes!

Bilhetes perdidos, meus bilhetes tão cheios de fé, escritos em prosa e versos, em preces mentais. Papai Noel se esquecia de mim. Então descri de tudo. Já não era o seu filho predileto, ele já não lia os meus bilhetes. Na miséria negra de minha vida de então, nem um clarão de esperança havia. Só o álcool acalmava os meus horríveis acessos, para voltarem então com mais impetuosidade. O suicídio me acenava, como único fim de tortura tamanha. Um livro de Smiles, que havia lido sem entender, porque era afilhado de Papai Noel, tomado ao acaso da estante em hora de desespero, trouxe-me um raio de esperança. Através da força de vontade, do desejo de realizações, outros homens, antes de mim, haviam vencido e transformado suas vidas. Tomei um carvão e escrevi, na parede, o meu primeiro bilhete, não mais para Papai Noel, mas para mim mesmo:

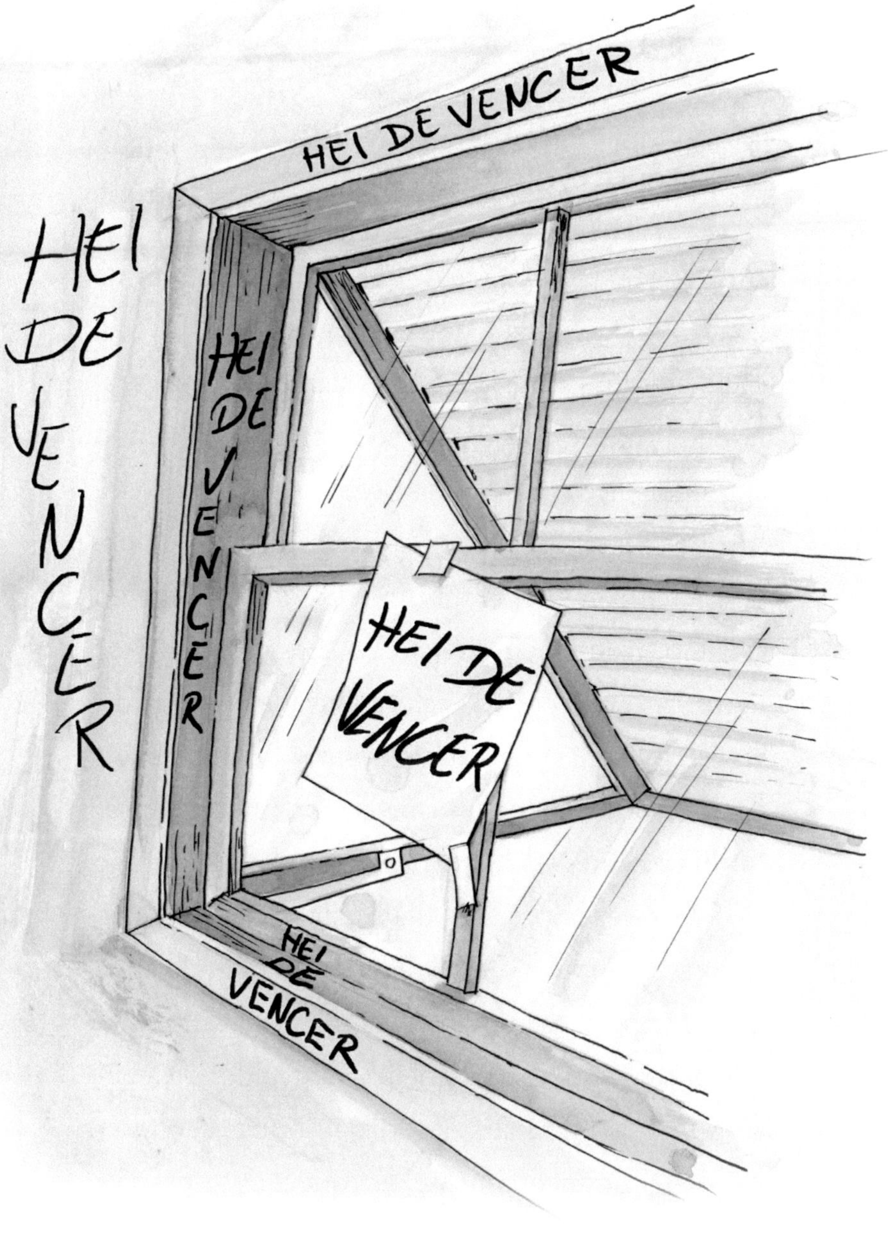

"Fui escrevendo em toda parte
minha frase-chave."

HEI DE VENCER

O inconsciente tem suas manhas e nos causa surpresas; o meu estado de abatimento era enorme mas a minha vontade de vencer era maior. Eu não iria mais admitir um momento sequer de fraqueza. Prometi vencer, e para não esquecer, fui escrevendo em toda parte a minha frase-chave, a minha divisa "HEI DE VENCER". Escrevia em letras garrafais diante da minha cama, que era um leito de suplício; no espelho do banheiro, no lenço, nos papéis e nos livros, em toda parte lá estava gravada a minha divisa. E fui vencendo a mim mesmo. Comecei a encarar a vida por novo aspecto, por nova forma. Imprimi centenas de cartões com o lema usado, e os colocava sempre à minha frente, onde quer que estivesse. Como um sol radiante depois de uma noite tempestuosa, minha vida foi-se modificando. Quebrei os frascos de remédio, e quando era ameaçado pelos meus ataques, dizia: — *Hei de Vencer* — repetindo mentalmente, até que a crise passava e o ataque não vinha. Sarei. Se ia tirar um cigarro do maço, lá estava o Hei de Vencer, e o cigarro ia parar longe. Ao tomar um copo d'água, ia repetindo mentalmente, gole por gole, a minha célebre divisa, e se a tentação me levava (tentação são os vícios do inconsciente) a encher um cálice de conhaque, ao levá-lo à boca, deparava com o Hei de Vencer que mandara gravar em tudo que usava — copos, pratos, cálices — e lá ia o álcool fazer companhia ao cigarro abandonado no chão...

Atirei-me novamente ao trabalho e ao estudo. Não admiti mais um momento de desânimo. Os meus impulsos, os meus instintos, eram vencidos pela vontade firme e persistente. Recuperei completamente a saúde, coisa que os médicos não acreditavam possível. Dominei o meu desejo.

Quando os que me conheceram doente, pobre, desequilibrado, alcoólatra, infeliz, martirizado pelas dores físicas e morais, querem saber qual o milagre que produziu em mim tal transformação, que conseguiu mudar por completo a face do meu viver, eu tiro do bolso um cartãozinho e digo-lhes: eis o milagroso santo. No cartão, há somente a minha divisa.

E em palestras e escritos venho pregando este evangelho: — "Deixem em paz o Papai Noel; que ele traga brinquedos às criancinhas. Gravemos no inconsciente esse desejo de ser o que nós queremos ser. Cada um traça a sua vida e o seu destino. Aprendam a pensar, e a felicidade virá ao encontro de vocês".

2

A Verdadeira Prece é o Amor

Como me fizeram diversas perguntas sobre a prece, esse será o nosso tema de hoje, porquanto, além de ser por demais interessante, há atualmente duas fortes correntes nos meios espiritualistas: uma pró-prece e outra contra a prece.

Ora, a prece — devemos compreender bem — nada mais é do que uma vibração mental; o seu valor não consiste nas palavras e sim na sua vibração com maior ou menor intensidade. Agora, para compreender bem o assunto, vamos ver, quando fazemos uma prece, a quem devemos nos dirigir, ou quem pode atender a nossa prece. Partimos do princípio de que, em regra geral, nós pedimos a Deus. Ora, Deus não atende a ninguém: Deus é o Verbo, é o Logos; Deus é Princípio, é Vibração e, neste caso, Ele está manifestado em tudo e não é, como materialmente se supõe, um ser sentado lá em cima no céu, num trono, distribuindo graças. Absolutamente. Ele é Divindade, Ele é Manifestação. Assim sendo, todos os pedidos dirigidos a Deus — podemos estar certos — não serão atendidos por Ele. A sua vibração é demasiado transcendente para Ele poder receber as nossas vibrações.

A prece pode ser atendida por nós mesmos. Quando pedimos algo, intensamente, sobretudo algo relacionado a saúde, estamos criando uma forma mental, uma sugestão e, diante dessa sugestão, agindo o nosso subconsciente pode perfeitamente realizar-se, dar-se uma cura. São as chamadas curas pela fé, como aquela em que uma mulher disse a Jesus, tocando-lhe a túnica: "Mestre, estou curada".

— Ele respondeu: "Tua fé te curou, mulher". Ora, não foi Jesus, foi a vibração intensa, foi a prece dessa mulher, feita a Ele, mas servida por si mesma, por força de sua fé, e assim, por conseguinte, as nossas vibrações mentais, as preces feitas, são atendidas, em regra geral, por nós mesmos, razão pela qual nós aconselhamos, quando se faz uma vibração mental ou uma prece para saúde, criar uma ideia mental de uma pessoa forte, cheia de saúde, de energia, e assim nós mesmos atendemos à nossa prece, quer dizer, a prece é útil porque o nosso subconsciente está ajudando, está tirando uma forma negativa, substituindo-a por uma forma positiva. A prece pode ser atendida também pelos mortos recentes, chamados espíritos, mas aí precisamos compreender bem os espíritos. As pessoas, depois de desencarnadas, se têm algum grau de evolução ao morrerem, libertam-se logo no plano astral, não procuram ficar em contato com a Terra, procuram planos superiores. Por conseguinte, esses mortos dificilmente atendem.

São raros os casos em que os mortos ou chamados espíritos atendem as nossas preces.

Há muitos casos conhecidos nos quais os mortos apareceram para auxiliar os vivos.

Leibniz conta que um senhor viúvo estava com duas crianças num castelo. Estas iam correndo por um corredor quando viram o vulto de uma mulher, recentemente falecida, aparecer-lhes na frente. As crianças voltaram correndo e contaram ao pai que tinham visto o vulto da mãe. Foram verificar e notaram que havia um poço profundo no fim do corredor, onde as crianças teriam caído e ficado feridas ou mortas, não fosse terem visto o vulto.

Ora, isso prova que esse espírito, preso à Terra pelo seu amor aos filhos, procurava ainda zelar por eles.

Eu mesmo tive dois casos bastante interessantes. Uma vez, na cidade de São Carlos, saí de uma casa da rua São Carlos e dirigi-me à minha residência, na mesma rua. Nada mais precisava fazer do que subir certa rua. No entanto, ao chegar a uma esquina, vi o vulto de uma mulher, mais ou menos velha, com um xalezinho na cabeça, que me disse: "vire esta rua"... Nada precisava fazer naquela rua. Olhei-a surpreso, mas ela repetiu: "vire esta rua"... Não sei o que me ocorreu, mas virei a rua e segui. Quando cheguei mais adiante, encontrei um rapaz caído com a cabeça na guia da calçada, todo ensanguentado. Bati à primeira casa próxima; atenderam-me e indicaram a residência do rapaz. Vieram pessoas da família e o levaram para lá. Chegando em casa, reconheceram-no e me informaram que ele era sujeito a ataques. Costumava sair escondido e andar pelas ruas, e por isso não o deixavam sair sozinho, mas, naquele dia, desobedecendo, havia saído.

Ora, não fosse a minha presença, ter-se-ia esvaído em sangue, porque a rua era relativamente deserta.

Conversando, contei o caso: foi uma senhora, ali na esquina, quem me disse que passasse por esta rua e admiro-me por que não veio ela mesma bater aqui na casa, e ela mesma não prestou socorro ao rapaz. As pessoas da casa me olharam e perguntaram: O senhor viu bem essa senhora? Reparou bem? Era uma senhora de idade? Ao responder afirmativamente, uma daquelas pessoas me disse: Com licença, e trouxe-me uma fotografia. Olhei-a. Era justamente a daquela senhora.

Todos se entreolharam espantados. Uma das pessoas da casa me disse que era a avó do rapaz, falecida há um ano e meio. Isto quer dizer que ela, não sei por que razão, pôde materializar-se e manifestar-se para mim, e não pôde manifestar-se tomando uma forma física para chamar alguém numa casa ou dar uma intuição a outra pessoa. Aproveitando-se do meu psiquismo, ela pôde manifestar-se e prestar um socorro à noite.

Isto é caso claro de auxílio feito por uma pessoa recentemente desencarnada.

Tenho também um caso, que se refere diretamente à minha pessoa. Uma noite chovia torrencialmente. Noite escura, tétrica e má, talvez, como dizia o poeta. Eu ia por uma estrada, além de Campinas, em direção a uma fazenda. Era uma estrada onde nunca havia transeuntes, a não ser durante o dia. Ia de carro, e em consequência de atrasos, estava passando por ali depois da meia-noite. De repente vi dois caminhos na minha frente; fiquei em dúvida se deveria seguir pelo da direita ou pelo da esquerda. A escuridão era densa; chovia, e os faróis não ajudavam. Então segui pela estrada e logo vi uma mulher toda de branco parada diante do carro. Brequei e perguntei, sem mesmo saber por quê: O caminho para Cabras é este? Ela me disse: Não, senhor; é o outro. Aquilo me causou certo espanto: ver uma mulher de branco, no meio da estrada deserta, depois da meia-noite... Olhei para vê-la. Não a vi mais. Havia sumido, desaparecido. Acendi os faróis, olhei para todos os lados; nada mais vi. Voltei ao outro caminho e fui para a fazenda. No dia seguinte, contando o caso na fazenda, o empregado me disse: — Se o senhor seguisse mais duzentos

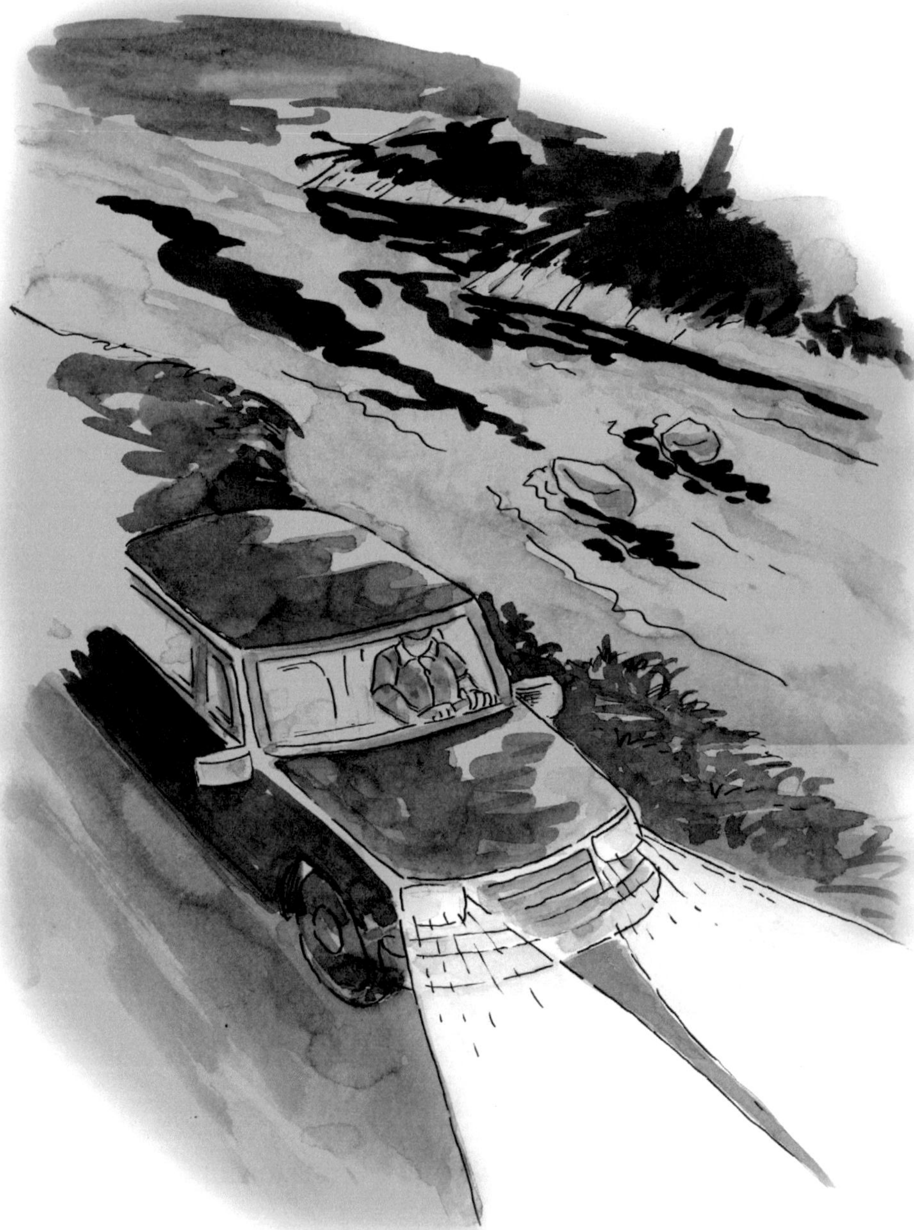

“A escuridão era densa – mais duzentos metros, teria caído no rio.”

metros, teria caído no Rio Jaguari, pois a ponte que havia sobre ele foi destruída. Isto quer dizer, o auxiliar invisível, ao que suponho, ou pelo que me foi dado depois reconstituir, foi uma senhora pouco tempo antes falecida e à qual eu havia prestado alguns serviços. Ela tomara uma forma para me livrar de um perigo.

Há centenas de casos que podem ser contados sobre a interferência dos mortos.

Também somos auxiliados, às vezes, pelos espíritos da natureza. A natureza está cheia de espíritos, seres que se dedicam a auxiliar o desenvolvimento das plantas ou animais. Estes seres não têm ainda grande desenvolvimento para prestar serviços aos homens, mas quando eles encontram aqueles que amam as plantas e os animais, procuram, na medida do possível, auxiliá-los. Dispõem de pouca força, mas podem dar uma intuição, podem tomar a forma de um pássaro, ou de um animal, que distrai a atenção. São conhecidos auxílios interessantes prestados pelos espíritos da natureza. São conhecidas as lendas dos gnomos dos contos de fadas. Eles tomam forma e defendem as plantas e os animais. Por isso, todos aqueles que sabem amar uma planta ou um animal, são por eles ajudados e protegidos, e os que maltratam os animais e as plantas, de vez em quando levam uma peça enorme, pregada por eles. Podem estar certos de que, às vezes, a ferroada de um marimbondo não é nada mais do que a vingança de um espírito da natureza.

Ora, as nossas preces a esses espíritos são de pouco valor, porque eles não têm força e pouco podem. Eles apenas amam ou implicam com as pessoas.

Nós temos os devas, que são seres de outra linha evolutiva. Eu diria que são os anjos, com grande poder mas que também não se interessam muito por nós, porque o seu plano de trabalho é muito vasto.

Realmente, eles ajudam todos os iniciados, os seres que já alcançaram uma certa libertação e com os quais se podem pôr em contato, porque os devas vivem mais nas florestas, nos lugares isolados. A sua pureza não permite que vivam no meio dos homens ou dos conflitos em que nós vivemos na cidade.

Temos, e também como auxiliares, os discípulos. Estes são os mais importantes. Os discípulos são aqueles que desejam trabalhar para o bem da humanidade. Esquecem-se de si mesmos e procuram dedicar-se ao trabalho da humanidade. Procuram manter uma vida pura, vivendo um tanto retirados dos homens, numa certa meditação. Selecionam a sua alimentação, e tomam resguardo com o corpo físico e mais ainda com a mente. Esses discípulos tomam a si o encargo de auxiliar a humanidade.

Numerosos discípulos estão encarnados, estão na matéria, estão na vida entre nós mesmos. Eles dispõem do poder de se desdobrarem e vão socorrer as pessoas necessitadas, que, por uma lei de afinidade, por uma lei de evolução, merecem o seu amparo, porque não basta pedir para receber; é preciso que se mereça para receber.

Os discípulos prestam trabalhos extraordinários, interessantes. São auxiliados pelos grandes mestres da sabedoria, pois os mestres, os adeptos, não podem baixar até nosso ambiente, não podem apresentar-se diante de nós e, assim, os discípulos são os veículos para os trabalhos, auxiliando a evolução dos seres humanos.

Ora, nós sabemos perfeitamente que há uma lei kármica, pela qual cada um de nós colhe aquilo que semeou, e muitas vezes mais.

Eu ouço dizer: mas, quando você auxilia alguém, pode estar intervindo no karma desse alguém.

Ora, quem somos nós para julgar o karma dos outros? Quem sabe se o karma daquele indivíduo é o karma assassino? E, por conseguinte, poderíamos prestar auxílio para que esse alguém se civilizasse.

Alguns anos atrás, fui indicado para prestar auxílio a doentes mentais. Tinha mesmo a pretensão de curar. Uma vez um teosofista chamou a minha atenção, dizendo-me: Tome cuidado, porque pode estar lançando mão de forças ocultas para intervir no karma dos outros. Neófito em Teosofia, fiquei pensando se realmente não estava intervindo. Pouco tempo depois tivemos o prazer de receber aqui em São Paulo a visita de Jinarajadasa, presidente da Sociedade Teosófica Mundial e considerado por nós um adepto.

Para esclarecer a dúvida, perguntei-lhe: Será que com esse meu trabalho, auxiliando, procurando curar os outros, intervenho no karma de alguém?

Ele me olhou, deu uma risada e, batendo no meu ombro, disse: Você é muito pequenino para mudar o karma de alguém. Fiquei contente com o meu "pequenino".

Ora, isto mostra que temos o dever de ajudar a todos. Esse é o trabalho dos discípulos.

Os discípulos virão procurar-nos quando nós compreendermos que não há morte; quando compreendermos que somos eternos, que todos viemos do "Logos" e para o "Logos" voltaremos; quando começarmos a trabalhar para o bem da humanidade na medida de nossas forças. Aquele que tem desenvolvimento psíquico ajuda o corpo físico. Assim o fazem os missionários, as irmãs de caridade, os grandes cientistas e os sábios, aqueles que trabalham de alguma forma para o bem-estar moral, mental ou material da humanidade.

Os discípulos procuram trabalhar no campo mental, mantendo, como eu disse, uma vida mais ou menos pura, para o bom desenvolvimento da força psíquica, conseguindo desdobrar-se e auxiliar as pessoas que estão em perigo e que podem ser ajudadas.

Uma vez se manifestou um incêndio numa casa, que logo ficou toda envolvida em chamas. Num andar de cima havia um menino de 5 anos. Esse menino tinha uma missão a cumprir, um trabalho a efetuar, um plano traçado no espaço para que ele viesse a realizar algo importante.

Ausentes da casa as pessoas da família, um discípulo teve a visão astral do que se passava. Dirigiu-se para o prédio incendiado e conseguiu envolver o menino como que num halo de luz, dando-lhe uma coragem e uma energia extraordinárias. E houve tempo para que chegasse um bombeiro e o salvasse. Este bombeiro depois contou a um amigo que, justamente no lugar onde o menino se achava, não havia pegado fogo e que ele, o bombeiro, viu um vulto branco em torno do menino, protegendo-o contra as chamas.

Ora, um discípulo mais tarde contou que havia executado esse trabalho; fora-lhe permitido salvar esse menino porque o karma dele não era para morrer queimado. São inúmeros os casos conhecidos entre os que se dedicam aos trabalhos ocultos, de socorros prestados pelos discípulos.

Eles podem manifestar-se sob diferentes formas, dependendo muito do grau de sua evolução.

Há discípulos que se apresentam tomando uma forma física para avisar de algum perigo, outros limitam-se a dar uma intuição.

Não se invoca o auxílio de um discípulo. Eles aparecem; em regra geral, eles procuram, diante de uma lei kármica de atração mental, porque se nós fazemos um determinado bem, devemos receber um bem. É lógico que se nós salvamos uma vida, devemos receber algo em troca, porque na vida nada se faz sem se receber uma retribuição; é a consequência de uma lei kármica, de causa e efeito.

Quando agimos, quando fazemos um bem qualquer, devemos receber, por conseguinte, o valor do bem prestado. De nada adianta estarmos a toda hora pedindo a Deus que nos mande algo, estarmos a implorar o auxílio dos mortos, porque estes nem sempre nos podem auxiliar.

Não nos cabe também pedir aos espíritos superiores o seu amparo e auxílio. Eles já estão em planos mais elevados, entregues a trabalhos superiores, e não podem nos auxiliar diretamente. Não nos cumpre também estar pedindo aos discípulos que venham em nosso socorro. O que nos compete é agirmos continuamente, é agirmos a todas as horas, provocando, formando bom karma, amando a natureza sob todas as formas, não cortando nunca uma flor sem necessidade, não ferindo ninguém, nem mesmo um pássaro. Amemos toda a natureza, dando atenção a uma planta, a uma flor, a um animal, seja ele o menor ou o maior.

A todos prodigalizemos o nosso amor, toda a nossa vibração de fraternidade, e teremos os espíritos da natureza como nossos amigos.

Amando a humanidade, amando todos os seres, auxiliando a evolução da humanidade, nós teremos os devas como nossos amigos. Servindo ao próximo como a nós mesmos, teremos o amparo dos auxiliares invisíveis, os discípulos.

Por conseguinte, só o amor pode ser prece, ou a prece só pode ser o amor. Prece não é pedir a todas as horas a Deus que nos dê alguma coisa, não é agradecer a Deus o almoço ou o jantar que está em nossa mesa; e, sim, é pedir a Deus que nos dê o espírito da compaixão, nos dê ideias de compreender que aquele almoço ou jantar pode e deve ser repartido com alguém, e que as sobras da nossa mesa servem para outros. Um santo disse uma vez: "Enquanto toda a humanidade não puder comer pão com manteiga, não quero manteiga; como só pão".

Só pelo amor podemos realizar uma prece e a nossa prece deve ser assim: não pedir, não agradecer; viver, viver intensamente, viver servindo, viver amando a todos e a todos sentindo. Receberemos a recompensa por uma lei normal, e teremos então uma aura pura, aura de perfeição; seremos rodeados pelos espíritos da natureza que sentirão prazer de estar conosco. Quando nos extasiarmos diante de uma flor, quando regarmos uma árvore, quando fizermos carinho a um animal, teremos os devas diante de nós. Quando na prece orarmos pela humanidade toda, pedirmos pelos que estão lutando nos hospitais, nas casernas, nos presídios, ao sol ou na chuva, teremos os devas perto de nós, porque eles trabalham pela evolução da humanidade. Quando estivermos escrevendo um livro, fazendo uma conferência útil, teremos os devas perto de nós, porque eles sentem o desejo intenso de cooperar nesse trabalho de evolução. Quando socorrermos uma criança, quando visitarmos um enfermo, quando consolarmos um aflito, teremos os auxiliares invisíveis, os discípulos, ao nosso lado, porque eles querem nosso trabalho.

Por conseguinte, façamos prece, mas que a prece seja amor e amor de trabalho.

3

A Escola da Vida

Há muitos anos passados, em plena mocidade, fui acometido de uma crise nervosa que quase me levou a um sanatório de doenças mentais. Apelei para os maiores clínicos, os maiores especialistas e estes nada resolveram. Das mãos dos médicos fui para as mãos dos charlatães, e depois busquei, no próprio espiritismo — sem nada encontrar — a solução para o meu sofrimento. À beira da loucura, caiu-me às mãos um livro de autossugestão mental, um livro do Prof. Emílio Coué.

Li essa obra procurando pôr em prática as suas lições. Comecei com grandes dificuldades, porque o meu estado mental não me auxiliava. Com esforços e trabalhos, fui, pouco a pouco, adquirindo o domínio sobre mim mesmo. Adotei por lema a frase de Emílio Coué: "Todos os dias, sob todos os aspectos, sinto-me cada vez melhor". Repetia continuamente essa frase. Seguindo seu conselho, adotei um cordel cheio de nós, e quando sentia que a crise vinha, tomava do cordel e desfiando cada nó, como um rosário, repetia: "Todos os dias, sob todos os aspectos, sinto-me cada vez melhor".

E, realmente, no fim de algum tempo, fui-me sentindo melhor. Comecei a dominar a minha natureza; comecei a ser senhor de mim mesmo, a compreender que através de minha vontade poderia dominar o meu psíquico. Assim fui melhorando cada vez mais e cheguei à cura. Completa? Não sei. Não sei se até hoje estou completamente curado ou quase curado. Mas dominei-me; nunca mais tive um ataque, e daí por diante, fazendo continuamente exercícios mentais, adquiri prazer nisso, senti que era uma verdade, fui-me conduzindo e governando, e essa força me tem levado através da vida como uma chama, fazendo-me feliz. Naturalmente, é um velho hábito nosso contar aos outros como saramos de alguma coisa, e aí foi que comecei, entre amigos, a contar, ora a uns, ora a outros, e a aconselhar a todos que diziam sofrer de moléstias nervosas, a leitura do livro de Coué, a seguir o seu trabalho, a fazer exercícios de autossugestão e, falando hoje para um, amanhã para outro, certo dia, não sei como, me vi diante de um auditório, e assim nasceram estas palestras. Há perto de trinta anos venho pregando a autossugestão mental, o desenvolvimento da vontade; ensinando cada um a ser dono de si mesmo. Como velho professor, estas palestras sempre foram mais aulas do que qualquer outra coisa. Não procuro decorá-las, nem fazer citações ou mostrar conhecimentos profundos. Procuro ensinar, criando com Emílio Coué "A Escola da Vida".

Um dia, tomando o livreto "Viver Bem", escrito pelo mestre Antônio Olívio Rodrigues, encontrei este trecho:

> Procure ser útil; existem inúmeras ocasiões, durante o dia, de prestar o seu auxílio; um simples olhar de simpatia, uma simples palavra de consolo ou de estímulo fazem erguer uma vontade desfalecida. Não importa que a ação praticada lhe pareça insignificante; por menor que seja a semente lançada à terra, sendo de boa qualidade brotará, pois nada que é bom se perde.
>
> Esteja sempre pronto a estender a mão àquele que cai, estimulando-o a se erguer e seguir novamente o caminho. Encoraje os que desfalecem e que se deixam vencer sem esperança e sem fé.
>
> Distribua, em todas as horas do dia, gestos delicados, palavras amáveis, sorrisos carinhosos, boas ações. Estas atitudes, de aparência simples, realizam, muitas vezes, verdadeiros milagres.

O bom humor prolonga a vida e ajuda a resolver todas as dificuldades.

Não há pretensão de minha parte em ser um grande homem, mas há pretensão em seguir o que ensina o livreto "Viver Bem", isto é, a ser compreendido, estar ao alcance de todo mundo, ajudar todos a vencerem. Nós temos o inconsciente cheio de formas de pensamentos negativos e, enquanto não aprendermos a vencer esse inconsciente, não teremos realizado nada para dizer: "Ora, não tenha medo, não pense no mal". Mas entre o dizer e o praticar há uma grande diferença. O inconsciente está cheio de formas negativas que nos vêm do passado, de nossos pais, porque todos nós temos a mania de educar os filhos. Mas eu pergunto: quem educou os pais? É isso que procuro fazer: educar os pais para que as crianças possam ser educadas. Para vencer nosso inconsciente, para colocar neles ideias positivas, é preciso partir de um esforço constante porque sabemos que, à força de pensar uma ideia consciente, nós a colocamos no inconsciente.

Ora, se o inconsciente está cheio de formas negativas, não nos é possível pegar nessas formas errôneas, arrancá-las e jogá-las fora. É preciso substituí-las pouco a pouco. Freud, o criador da psicanálise, ensinou o seguinte: "Se nós tivermos uma vasilha cheia de água impura e quisermos substituir essa água por uma água pura, sem poder despejar o vaso que a contém, devemos abrir sobre ele uma torneira com água pura. Assim, a água irá saindo pouco a pouco e no fim de algum tempo a água impura se tornará pura. Levará tempo, dependendo, naturalmente, da quantidade de água impura que o vaso contiver e da quantidade de água pura que pusermos dentro do vaso que irá modificar a nossa vida, isto é, modificar nosso modo de pensar. Não é fácil. Não é dizendo: "De amanhã em diante vou pensar dessa forma; de amanhã em diante vou fazer isso, ser melhor". Não basta. A vida não admite transições rápidas. A mudança se faz lentamente;

levamos anos para modificar-nos mentalmente, mas, se criarmos ideias positivas, se formos todos os dias, lentamente, batendo, repetindo, vamos gravando até que fique completamente fixa no consciente (e a razão de Coué aconselhar que se repita continuamente uma frase, é porque, à força de repeti-la, nós a gravamos no consciente, lentamente), até que um dia o consciente fique cheio de ideias positivas.

Contudo, a dificuldade que tenho encontrado reside nas velhas ideias enraizadas. Cada um de nós tem velhas ideias, velhas crenças que nos foram doadas desde crianças e das quais não temos força nem coragem para nos livrar. Por exemplo; um velho fazendeiro dispõe em sua fazenda de velhíssima mata e quer derrubá-la para semear trigo. Quando vai derrubar a mata para fazer a sementeira, aparece-lhe um filho que diz: "Olhe aquela árvore; não a corte, papai; é tão bonita; à sua sombra eu brincava sempre". Chega outro filho e diz: "Aquela trepadeira é tão bonita; não deve cortá-la". "Aquela árvore tem um passado vivo; respeite aquela árvore". Assim, o fazendeiro corta aqui um pouco, ali outro pouco, além mais um pouco, e no fim irá plantar à sombra daquela árvore, para não prejudicá-la e acabará não tendo colheita. Até que chega outro lavrador e diz:

"Derrube tudo."

"Mas aquela árvore tem um passado", respondem-lhe.

"Derrube-a com passado e tudo", retruca ele.

"Eu brincava à sombra daquela outra árvore; derrubando-a perde-se a sombra", informam-lhe.

"Derrube também aquela árvore", prossegue ele; "preciso semear e colher trigo".

Assim temos que fazer. Rompermos com velhas religiões, com velhos preconceitos, com velhos hábitos, para criar e manter hábitos novos. Como disse, não é rapidamente que se faz tal modificação; é lentamente, é através de um esforço contínuo que nós o conseguimos. Intitulo esta palestra de "A Escola da Vida", porque sempre disse para comigo mesmo que as escolas nos ensinam tudo, menos a viver. Nós somos de uma sabedoria enorme em tudo, menos na arte de viver.

Um sábio atravessando de barca um rio e, conversando com o barqueiro, perguntou: "Diga-me uma coisa: você sabe botânica?" O barqueiro, olhando para o sábio, respondeu: "Não minto, não senhor; não sei que história é essa". "Você não sabe botânica, a ciência que estuda as plantas? Mas que pena! você perdeu uma parte da sua vida!" O barqueiro continuou remando. Depois de um pouco, perguntou novamente o sábio: "Diga-me uma coisa: você sabe astronomia?" O coitado do caiçara coçou a cabeça, olhou de um lado, olhou de outro, e disse: "Não, não, senhor; não sei o que é astronomia". "Astronomia é a ciência que estuda os astros, o espaço, as estrelas. Que pena! você perdeu parte da sua vida!" E assim foi perguntando um pouco de cada ciência; se o barqueiro sabia sociologia, física, química, e de nada o barqueiro sabia. E o sábio sempre terminava com a sua frase: "Que pena! você

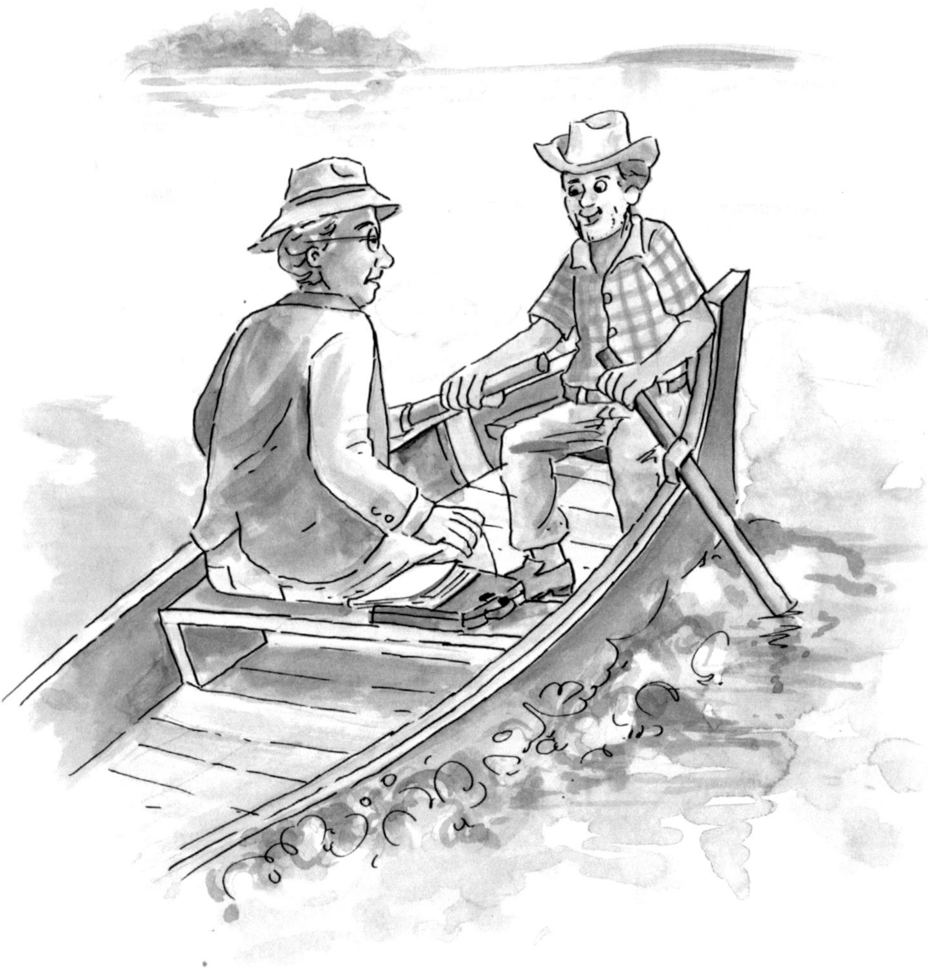

“Que pena! Você perdeu parte da sua vida!”

perdeu parte da sua vida!" De repente o barco bateu de encontro a uma pedra, rompeu-se e começou a afundar. O barqueiro perguntou ao sábio: "O senhor sabe nadar?" "Não, não sei". "Que pena! o senhor perdeu sua vida inteira!"

É assim que encontro pela vida afora essas pessoas de sabedoria. Sabem tudo, sabem todas as matérias, discutem todas as artes, todas as letras, conhecem tudo deste e do outro mundo. Preferem saber coisas do outro mundo, mas quando procuramos saber se essas pessoas têm a menor noção da arte de viver, não a têm, não sabem viver. É isso o que procuro ensinar com as minhas palestras; busco ensinar a viver para que não só aprendamos a viver como aprendamos também a conhecer nossa alma e a nos dominar. A fim de poder entender a nossa alma, devemos passar por uma limpeza espiritual. Devemos limpar-nos de nossas impurezas, más ações e maus pensamentos. Afugentemos toda ambição pessoal, todo desejo individual, todo pensamento egoísta. Convençamo-nos de que não somos senão uma pequena unidade no grande todo, uma folha a mover-se na infinita árvore da vida, simples gota d'água no vasto oceano da imortalidade. Esqueçamo-nos do nosso eu e pensemos nos nossos semelhantes. Dessa forma não só aprenderemos a conhecer a nossa alma, como seremos capazes de encaminhar o curso da nossa alma para a Alma de Deus, da mesma maneira que as águas dos rios fluem para o oceano.

Nós devemos pensar nos outros, mas naturalmente pensar bem dos outros, porque há muita gente que pensa em seus semelhantes, mas só pensa mal. O que nos aconselha a pensar nos outros é o sagrado Evangelho, porque nós devemos dar aos outros em amor, em bondade, em fraternidade. Devemos autoeducar nosso pensamento, porque, enquanto não educarmos nosso pensamento, enquanto não educarmos nossa vontade, nossos pensamentos estarão sempre no espaço, perdidos, e se não os coordenarmos, não conseguiremos manter uma linha de pensamento permanente, igual e feliz.

Educar o pensamento não é tão difícil; basta um pequeno esforço; é só traçar dentro de nós esta vontade: dia por dia terei de ser melhor.

Prentice Mulford nos adverte que se todos os dias fizermos um pequeno esforço, seja ele o mais simples, acabaremos educando a nossa vontade. Ele aconselha, por exemplo, que se coloque todos os dias, no quintal, uma pedra. Todas as noites, a uma hora certa, ou antes de deitar, devemos pegar essa pedra e trazê-la para dentro de casa, e de manhã, ao levantar-nos, levá-la ao mesmo lugar no quintal. Eu sei que todos dizem: que coisa fácil. Então aconselho que cada um faça essa experiência. Comece todos os dias, ao se levantar, por tomar um objeto e levá-lo ao quintal, a um lugar qualquer, e à noite indo buscá-lo e trazê-lo de volta para casa. Você verá que na primeira noite o faz; na segunda se esquece; na terceira deixa de fazê-lo porque faz frio; na quarta porque chove; outro dia, a noite está bonita, e então vai. Todavia, isso não adianta quase nada, porque só um exercício persistente, constante, é que educa a vontade. É preciso todos os dias fazer o mesmo exercício, todas as manhãs levar o objeto a um determinado lugar e à noite ir buscá-lo, e assim, através desse esforço, ir educando a vontade. Educar a vontade é o único meio de se conseguir caminhar para a felicidade. Ninguém conseguirá ser feliz se não começar a educar sua mente, a desenvolver a sua vontade. Se cada um de nós fizer todos os dias um exercício, todos os dias um esforço, acabará educando a vontade. Isto é o que desejo conseguir nesta série de palestras que vou fazer. Tornar bem claro, repisar, para que no fim de algum tempo todos possam dizer, como eu digo: venci.

4

A Autoeducação

A nossa formação mental faz-se durante a infância.

À teoria ainda hoje muito difundida de que os fatores externos pouco influenciam na formação da personalidade, opõe-se modernamente uma série de observações que mostram a ação decisiva do ambiente, sobretudo nos cinco primeiros anos de vida. A análise psicológica, em inúmeros casos individuais, revela que as diretivas da conduta do indivíduo não são mais que hábitos mentais adquiridos na primeira infância. O que é a personalidade psíquica se não a síntese dos hábitos mentais? Para nós essa defeituosa formação psíquica, por influência das excitações da vida de que fala Krapelin, nada mais é do que o conjunto de hábitos mentais adquiridos no decorrer da vida e que num dado momento desabrocham em manifestações paranoicas. Desse modo, vemos que a nossa formação mental é toda feita durante a nossa infância. Durante a infância gravamos todos os fatos que irão mais tarde influenciar a nossa vida.

E eu pergunto: qual é a formação mental que os professores nos dão? Uma formação mental completamente negativa. Nós todos sofremos de um complexo de inferioridade porque somos educados mentalmente num complexo de inferioridade. Tudo quanto nos dizem, tudo quanto fazem para formar a nossa mente, é diminuindo, deprimindo, nada construindo, não nos elevando mental ou moralmente. Mas, como podem os nossos pais levantar-nos, se eles já foram criados dessa mesma maneira;

se eles ouviram o que repetem; se a sua formação mental é imperfeita?

Ora, vemos desde o berço o modo errado pelo qual somos criados. Começam a nos enganar na vida desde pequeninos, quando nos põem uma chupeta na boca. A chupeta é uma mentira. Todo esforço merece uma recompensa. A chupeta a gente a usa, porém sem a recompensa que advém do seio materno. As crianças sabem que, chupando o seio, recebem o leite. É um esforço com uma recompensa. No entanto, a chupeta é uma mentira. As crianças se cansam, fazem enorme esforço na esperança de receber alimento, e nada recebem. Desde aí começamos a ser enganados.

Depois a criança vai crescendo e deve aprender a andar. Poucas são as crianças que aprendem a andar por si. A maior parte aprende a andar, presa pela roupinha, amarrada ao berço, dando a mão ou num andador. Quer dizer: o homem é o único animal que precisa de alguém para ensiná-lo a andar. Não aprende a andar por si, não faz esforço, enquanto não tiver mãos que o amparem. Assim fica através da vida, sentado, querendo que alguém o segure pelas fraldas ou pela roupa para ajudá-lo a andar.

É assim a nossa formação mental. Vamos crescendo num ambiente onde nos dizem, onde ouvimos continuamente todas as formas negativas de pensamento: "A vida é um vale de lágrimas"; "a vida é um sofrimento"; "a vida é uma tragédia". Vamos, desde a infância, crescendo com a ideia de que viemos ao mundo para sofrer, para viver num vale de lágrimas.

Depois, quando crescidos, nos passam a inculcar ideias religiosas. Então é pior. Ensinam-nos a ideia de um Deus. Um Deus sob todos os aspectos negativo; um Deus inconsciente e mau, porque é um Deus que fez no primeiro dia a terra, depois a água, depois isto e aquilo. Tudo o que fez achou bom, mas passados alguns anos, Ele, onipotente, onipresente, onisciente, achou que tudo estava ruim e por isso mandou um dilúvio destruir o que tinha feito. Fez a obra e Ele mesmo achou que não prestava. Então começam todos a manter a ideia de um Deus negativo.

Depois, para nos governar, porque a mamãe e o papai não podem conosco, arranjam um Deus que castiga: “Menino, se você subir nessa cadeira, Deus o castiga”. “Se tirar fruta do pomar, Deus o castiga”. E nós ficamos acreditando que tudo quanto fazemos Deus castiga. Que Deus está atrás da porta com uma varinha de marmelo para nos castigar. Acontece que um dia subimos à cadeira e não acontece nada. Deus não castigou. Outro dia vamos ao pomar tirar frutas e não nos acontece nenhum castigo. Se nesse momento Deus está descuidado, então levamos a vida inteira procurando Deus distraído para travessuras. Todos estamos convencidos de que um erro feito sem castigo será por causa de Deus estar distraído. Então, com esse pretexto temos o direito de errar. Se temos força para arrepender-nos, por que não temos o direito de errar?

Depois nos dizem uma porção de coisas bonitas: “Não minta nunca, menino”; “Diga sempre a verdade”, e ficamos convencidos de que não devemos mentir nunca. Acontece que depois batem à porta. É o padeiro. E o marido grita logo: “Mulher, se for o padeiro, diga que não estou em casa”. É uma mentira. Para as crianças, nada no mundo é maior, mais cheio de luz do que os seus pais. Seus pais são uma coisa extraordinária.

Ora, ouvindo o pai mentir, acham que também podem mentir. Ora, o pai mente para se defender, e a criança sabe o objetivo. Esse caso de dizer “ele não está em casa” é típico. Estão nos dando uma formação mental péssima. Vamos crescendo, vamos vivendo num ambiente errado. Tudo quanto é negativo é nocivo à nossa formação mental.

Se os pais soubessem a influência que exercem sobre os filhos, sua vida seria outra, suas conversas, as músicas; tudo fariam para elevar a alma da criança. Mas não fazem isso. Acham que a criança não vê, não ouve e não sente. Não é verdade. A nossa mente infantil é como um filme cinematográfico sem gravação. Tudo quanto as crianças veem em torno de si, vão gravando, ainda que não se apercebam. As ideias ficam gravadas no subconsciente, e assim gravamos todas as impressões de nossa infância.

Se formos mal-educados mentalmente, do modo que exponho, como é que depois de homem poderemos ter a mente clara, concisa, forte, útil?

Mais tarde ouvimos nossos pais dizerem: "É preciso gozar a vida". Gozar a vida é interessante. Ainda não vi ninguém falar em gozar a vida que não pensasse em beber champanha, comer peru e namorar a mulher do próximo. Chama-se a isso gozar a vida. Estudar, trabalhar, produzir para ganhar dinheiro, não. Nossa preocupação não é dar uma formação mental boa, não é fazer bela a vida para ser bela a morte. Conheço a teoria de que a morte nivela os homens. Não creio. Não creio que depois da morte os homens pequeninos deixem de ser pequeninos e os grandes deixem de ser grandes. A morte não nivela nem iguala, porque os pequenos não se tornam grandes e os grandes não se tornam pequenos. Nós temos a preocupação de gozar a vida. Como gozar a vida consiste em ter dinheiro, nós vivemos, então, com a preocupação mental do dinheiro, do bem-estar. Quando nos dizem: "Fulano está bem", pensamos logo que fulano tem dinheiro. Ninguém pensa que fulano está bem porque alcançou a linha máxima, perfeita. Não, ele está bem porque tem dinheiro. Se ele vai casar bem, é porque a noiva tem dinheiro. Estamos com a ideia geralmente materializada, estamos vivendo dentro de uma época completamente materializada, e é assim que formamos a nossa mente.

Quando atingimos a mocidade, a maioridade, estamos com a mente formada e aí raramente nos põem na mão um livro que nos poderia ajudar a viver. Ao contrário, começamos a pegar romances de aventuras policiais e a assistir filmes cinematográficos, com longas viagens, com bailes, festas, casacas, onde vemos como se goza a vida, como se leva uma vida feliz. Nossa formação mental, porém, é inquestionavelmente uma formação negativa. Quando queremos modificá-la, encontramos uma dificuldade: vibra-nos um subconsciente inteiramente formado e gravado de todas as ideias negativas.

Se nos tivessem, desde criança, dado ideias positivas, feito ouvir boas músicas, levado a museus; se nos tivessem mostrado quadros belos, chamando-nos a atenção para o nascer e o pôr do sol, para as flores, para os pássaros, nossa mente teria tido uma formação artística superior. E o que acontece é que nós agora temos assim uma formação completamente negativa. É negativa a nossa formação porque nos pegaram pelas fraldas, pela roupinha, e assim continuamos até agora. Então vamos em busca de forças que nos amparem. Não encontrando um papai, uma mamãe que nos dê a mão para ajudar; não encontrando um padrinho que nos proteja ou que nos dê um dinheirinho, começamos a buscar fora da Terra essa proteção. Então, volvemos os olhos para onde? Para os santos, para os guias protetores, para os mestres, para as forças externas, e então tudo que fazemos depende de um Deus particular: "Vou a tal lugar se Deus quiser"; "encontrarei isto se Deus quiser"; "se Deus quiser não encontro nada". Cada um traça o seu destino

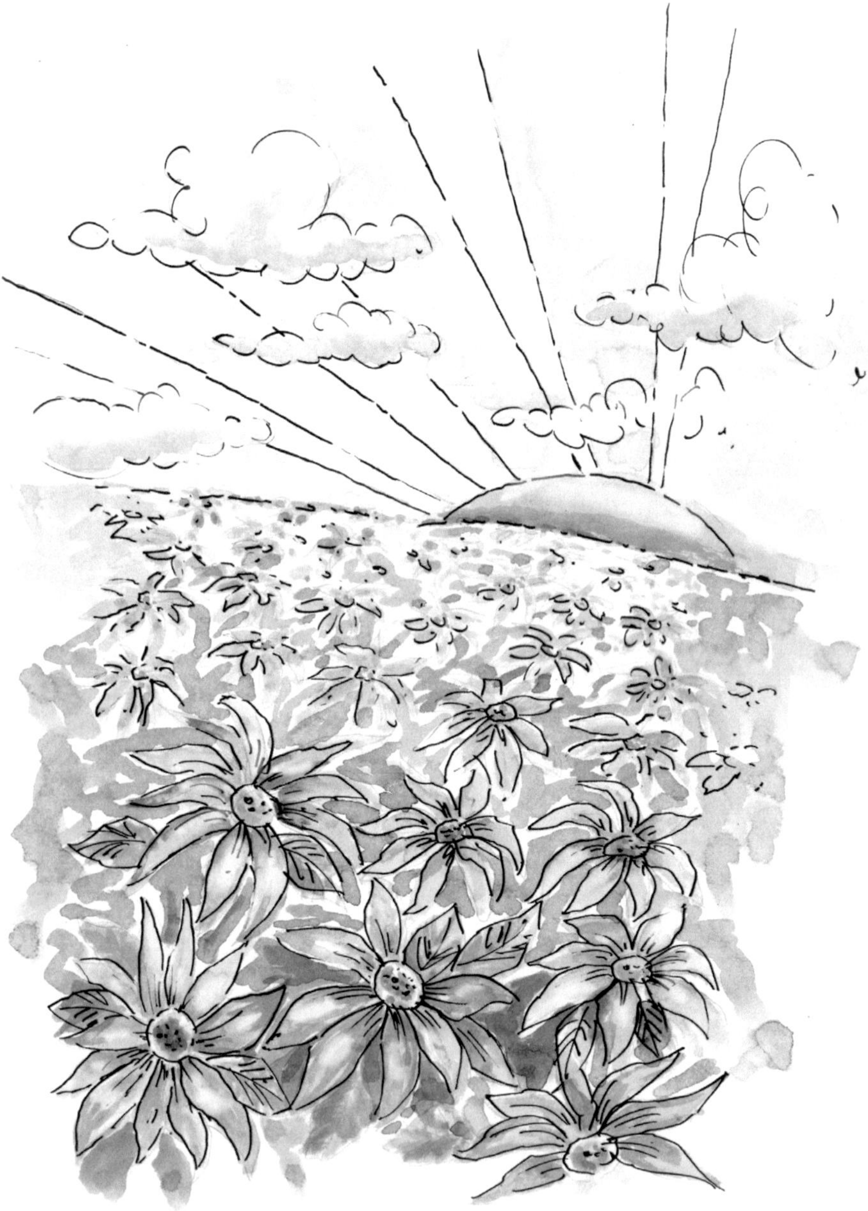

“Se nos tivessem chamado a atenção para
o nascer e o pôr do sol...”

"se Deus quiser", não compreendendo que precisa desenvolver a sua vontade.

Dessa atitude negativa provêm muitas das doenças nervosas, e essas doenças estão de tal maneira espalhadas, que já um velho ditado diz: "Que de médico e louco cada um tem um pouco". Acredito que de médico temos um pouco, mas que de louco quase todos nós temos muito. Todos somos desequilibrados nervosos, desequilibrados mentais, sem vontade própria. E o que acontece? Vamos buscar a cura onde? Nos médicos de nervos. A evolução da psicoterapia demonstra que progressivamente a medicina tira da alma forças para a cura das psiconevroses, isto é, da neurastenia, histeria, psicastenia, e para a reeducação do caráter. Essas forças estão dentro de nós. Os clientes vão pedi-las aos clínicos, e mal sabem que todas se acham latentes no íntimo deles mesmos.

O pensamento faz parte das grandes energias naturais, como a eletricidade, as quedas d'água, as correntes atmosféricas. A sua boa direção educa os povos, faz o progresso humano, constrói as sociedades, melhora as raças e cura os enfermos. O grande segredo está no justo aproveitamento de tão extraordinária força. Nós encontramos dificuldades em explicar isso porque estamos cheios de teorias, e o mais difícil é a prática.

Precisamos abandonar as ideias negativas, tais como as de que o mundo é um vale de lágrimas, de que tudo é triste, de que a dor é a nossa companheira. Deixemos de lado a dor e o aborrecimento. A vida me é maravilhosa, porque só compreendo uma coisa: nada aceito fora da lógica e da ciência.

Raciocinemos com lógica: há um Deus que criou o mundo. Todos nós cremos na existência desse Criador. Quase todo mundo crê nisso. Eu pergunto: Se Ele, onipotente e onipresente, criou alguma coisa, tirou-a dele mesmo, porque não podia criar alguma coisa do nada. Ele tirou de si mesmo este mundo e, por conseguinte, tirou-nos dele; portanto, não posso crer em nada imperfeito. Não é admissível que haja alguma coisa errada porque, se houvesse, seria o próprio Deus que a criou.

Essa história de diabo é absurda, é impossível que Deus tenha um opositor. Ele não tem opositores. Ele criou todas as coisas e, por conseguinte, todas as coisas são boas. Agora perguntamos: por que existe o mal? Não existe o mal. Nós é que tomamos diversas coisas como mal e outras coisas como bem. Do problema geral da criação nada entendemos, porque Ele criou as melhores coisas.

Já um dia um pastor protestante me perguntou: "O senhor crê que os animais têm alma ou têm utilidade?" Eu não sei. Creio que se Deus os criou, devem ter utilidade. Qual a utilidade da pulga? Naquela ocasião não o sabia; mas todos devem saber que recentemente foi descoberto que as pulgas curam doenças mentais e, por conseguinte, são úteis. Ainda não há confirmação científica, mas consta que as minhocas produzem no subsolo certa substância que fortalece a vista. Assim, veremos ainda algum dia que tudo tem razão de ser. O Supremo Criador, Deus, não podia fazer nada que não fosse bem-feito. Perfeitamente. Ou isso é lógico ou então não sei o que seja lógico. Se criou tudo com esta perfeição, as coisas que nos parecem o mal, não são más, são boas. E os sete pecados mortais? Os sete pecados mortais que chamamos pecados não foram criados por Ele, porque Ele criou a vida e suas manifestações.

É preciso compreender-se bem que quando falo em criação, não creio nela, porque para criar-se algo é preciso tirá-lo de alguma coisa. Deus só poderia manifestar-se tirando algo de si mesmo. Soube manifestar-se em vida, e essa vida está em evolução. De fato, depois do estado primitivo, voltamos a Ele, seguindo uma linha perfeita de evolução, semelhante à que traçamos da nossa infância à velhice. Assim também essa coisa que chamamos pecado, ou mal, tem uma razão. Se analisarmos com imparcialidade, veremos o pecado através da formação mental da vida. O homem, no seu estado primitivo, tinha um viver simples, morava em cavernas, não se impressionava com nenhuma coisa, não queria nada e não tinha nada; alimentava-se de frutas e vivia mais ou menos satisfeito. Mas veio a ambição. Por ambição ele quis conquistar as terras vizinhas, e por conseguinte se preparou para uma luta e para essa luta inventou o uso da arma. Comendo só fruta, veio-lhe a vontade de comer peixe e pássaros, e teve que desenvolver a inteligência para pescar e caçar. Por isso inventou a arma e o anzol. Ante a necessidade de satisfazer sua gula, plantou, semeou e colheu, e descobriu que, cozido, o alimento era melhor. Vieram então a vasilha e a descoberta do fogo.

Assim, o homem foi fazendo tantas descobertas através de sua gula e de seu orgulho. Quis se mostrar mais embelezado, e foi através da vaidade que ele se fez mais bonito. Assim, começou a pintar-se, a adornar-se, e vendo-o, as mulheres passaram a pintar-se também, como o fazem até hoje. Que seria dos pescadores de pérolas, que seria dos caçadores de animais, se não fosse a vaidade feminina? Que seria de todas as nossas fábricas de bons produtos, se não fosse a gula humana? Que seria do mundo, se nos contentássemos com bananas, com raízes, com mandioca? O mundo não teria a evolução que teve. Assim, a evolução foi feita através do chamado pecado mortal.

Analisamos estes fatores porque mais tarde, quando atingirmos nossa evolução, teremos que nos lembrar disso, pois a evolução é como a serpente em círculo mordendo a própria cauda. Por conseguinte, temos, por conclusão, que tudo no mundo está perfeitamente analisado e que nenhuma mente foi malformada, embora estejamos cheios de ideias negativas.

Friso isso para ficar bem claro que a culpa é a formação errada que recebemos. Quanto mais empreendemos, mais iremos pondo ideias novas, positivas; iremos aprendendo por nós mesmos a receber ideias novas. Precisamos deixar de viver pedindo amparo, mendigando às portas do Eterno, suplicando que nos ampare e que o Alto nos ajude a pôr em Deus a responsabilidade de tudo o que acontece. Não. A responsabilidade do que acontece é nossa. Cada um de nós é aquilo que lhe ensinam.

Cada um de nós é o responsável por sua própria vida, pois cada um traça o seu próprio destino.

O nosso pensamento é uma grande força: ele sempre se exterioriza, se objetiva, se realiza em nosso corpo físico, faz e desfaz moléstias diversas, em condições maldefinidas. Transmite-se a distâncias imensas e impressiona cérebros afinados em consonância com o cérebro emissor. Assim é que Lourdes cura à luz clara do sol; cura como curam todos os focos de fé intensa. Assim curava a piscina de Betsaida, na Judeia; assim são curados os peregrinos de Meca e os sectários de Buda, na Índia. Assim no nosso Santuário de Aparecida; assim se dão curas na humilde cabana do feiticeiro atrasado, mas capaz de ter fé viva "como um grão de mostarda".

A gente acredita em milagres. Ora, milagre é aquilo que se realiza fora das leis naturais. Eu lhes digo francamente que não creio absolutamente que coisa alguma se realize fora das leis naturais. A maioria dos fenômenos que no momento não podem ser explicados, com o correr dos tempos encontrará a sua explicação. Essas curas quase milagrosas de que ouvimos falar, não mais as consideraremos milagres se as formos buscar à luz da sugestão. Aceitarei o milagre do Santuário de Lourdes ou das águas do Ganges, se eu vir nascer um dedo numa pessoa que não o tivesse. Aí seria um caso contra as leis naturais. Mas fazer um paralítico andar, não. Não vejo milagre aí, porque tem o paralítico que sarar desde que já tenha perna. Ele tem perna e não anda. Mostrem-me quem anda sem ajuda, não tendo perna. É uma questão psiconeurótica que podemos explicar cientificamente. Por isso há paralíticos que saem andando.

Conheço o caso, nos Estados Unidos, de um pavilhão com 17 paralíticos. O pavilhão pegou fogo e 13 paralíticos levantaram-se, desceram as escadas e saíram correndo. Os outros 4 morreram queimados porque tinham lesões nos nervos e não podiam sarar. Os outros tinham reflexo condicionado e por isso andaram. Quando viram o fogo, despertou-selhes a energia e saíram correndo. Milagre de quem? Milagre de Deus, dirão!

Nos milagres de Santo Antoninho ninguém se lembrou de que Deus fez milagres para ele. Nós somos assim. Há um desastre de automóvel e alguém se salva: "Graças a Deus me salvei", diz a pessoa, "não foi por casualidade". Mas nesse mesmo desastre de automóvel um menino morreu. Deus não foi camarada com esse menino. Sempre salva só um. Graças a Deus salvou-se um. Para o atrasado que se machucou, que quebrou a perna, "graças a Deus ele não morreu".

Só se diz graças a Deus, quando não se cai. Não há lógica nisso; pode parecer que haja, porém não há. A nossa mente está, por conseguinte, predisposta a criar uma força positiva para vivermos a vida que nós criamos: a ideia consciente de que cada um de nós traça o seu próprio destino. Eu já disse esta verdade diante de uma plateia.

Devemos traçar o nosso próprio destino; por conseguinte, vamos fazer um esforço para que a nossa atitude mental permita que cada um de nós vá caminhando por si, vencendo por si, traçando seu destino por si. Marco Aurélio disse: "Apague no pensamento o que for apenas imaginação", dizendo até mesmo constantemente: — "Agora tenho o poder de expulsar de minha alma qualquer vício, qualquer desejo, numa palavra, qualquer inquietação: e vendo as coisas como são, sirvo-me delas conforme o seu préstimo. Lembre-se deste poder que a natureza lhe confere".

Buscarei também exemplos no livro que considero o livro-chave de todos os livros, o livro que devemos ter em nossa cabeça, o livro que devemos ter dentro de nós, mas estou certo de que não haveria mais guerras, não haveria mais animosidade, e sim paz e concórdia, se apenas se realizasse esta sua frase: "Amai-vos uns aos outros". Jesus mostrou perfeitamente, nas suas curas chamadas milagrosas, o poder extraordinário, o poder da sugestão que Ele chamava Fé. Vejamos S. Mateus, cap. 9, vers. 20-22: "E eis que uma mulher que havia já doze anos padecia de um fluxo de sangue, chegando por detrás dEle, tocou a orla de seu vestido; porque dizia consigo: se eu tão somente tocar seu vestido, ficarei sã. E Jesus, voltando-se e vendo-a, disse: Tem ânimo, filha; tua fé te salvou. E imediatamente a mulher ficou sã". Note-se que Ele não disse: "Eu te curei. Eu fiz o milagre". "Tem ânimo, filha; tua fé te salvou", foi o que Ele disse. Ainda S. Mateus, vers. 28-30: "E quando chegou à casa, os cegos se aproximaram dEle; e Jesus disse-lhes: Credes vós que eu possa fazer isso? Disseram-lhe eles: Sim, Senhor. Tocou então os olhos deles, dizendo: Seja-vos feito segundo a vossa fé. E os olhos se lhes abriram". Isso indica perfeitamente que Jesus mostrava que a fé, o poder da sugestão, o poder do indivíduo, o seu desejo enorme, era o que curava. Não era Ele quem estava fazendo milagres.

Se cada um de nós adquirisse essa confiança enorme em si, se cada um quisesse adotar gratuitamente o lema que lancei há alguns anos — "Hei de Vencer" — e pensasse diariamente: "Hei de Vencer", venceria as doenças, as lutas, porque se venceria a si mesmo. E que maior inimigo tem o homem do que a si mesmo? Bem proclamou o imortal Pitágoras em seus "Versos Áureos":

Conhecedor, assim, de todos os teus direitos,
Terás o coração livre de vãos desejos
E saberás que o mal que aos homens cilicia
De seu querer é fruto: e que esses infelizes
Procuram longe os bens cuja fonte em si trazem!
Seres que saibam ser ditosos, são mui raros.
Joguetes das paixões oscilando nas vagas,
Rolam, cegos, num mar sem bordas e sem termo,
Sem poder resistir nem ceder à tormenta.
Salvai-os, grande Zeus, abrindo-lhes os olhos!
Mas não; aos homens, cabe — eles, eles, raça
divina,
O Erro discernir, e saber a Verdade.
A Natureza os serve. E tu que a penetraste,
Homem sábio e ditoso, a paz seja contigo,
Observa minhas leis, abstém-te das coisas
Que tua alma receie, em distinguindo-as bem:
Sobre teu corpo reine e brilhe a inteligência,
Para que, ascendendo-te ao Éter fulgurante,
Mesmo entre os imortais consigas ser um Deus.

5

Conformação *versus* Inconformação

Nós somos desde a infância preparados para uma vida feliz. Isso herdamos de muito longe. No passado as religiões pregavam tão somente que o homem devia sofrer o mais que pudesse neste mundo para ser feliz no céu e, como são raros os que vão para o céu, nós continuamos sofrendo no inferno. Portanto, a nossa vida é sofrer neste mundo e no outro. Quanto mais sofremos, melhor!

Assim, cria-se um complexo de inferioridade em nossa mente; estamos de tal maneira preparados para tudo quanto é mau que, se analisarmos um pouco a vida em torno de nós, notaremos que quando toca uma campainha em casa e vemos que é um telegrama, todos correm aflitos e pensam: "Que será?", "Quem morreu?" Ninguém espera uma notícia boa. "Que coisa boa terá acontecido?", isso ninguém diz. Esperamos, matematicamente, uma coisa má. Se toca o telefone durante a noite, corremos para atendê-lo e pensamos: "Meu Deus, que terá acontecido?" Ninguém espera que tenha sido um engano, o acaso, uma boa notícia, ou a visita de alguém que queremos bem.

Sempre esperamos coisas más. Estamos sempre preparados na vida para coisas más. Se alguém se demora na rua, perguntamos logo: "Meu Deus, que terá acontecido?" Pensamos logo num desastre. Que a pessoa tenha encontrado um colega, não nos ocorre; nossa mente cria logo a ideia de um desastre, de um sucesso mau. Estamos sempre preparados para o que há de mau. As crianças são obrigadas, necessariamente, a ter sarampo, tosse comprida, coqueluche, catapora porque precisam ter. Mas não vejo necessidade nenhuma em ter todas essas coisas. Posso-lhes garantir que não tive nada disso. A nossa mente está de tal modo preparada que as crianças hão de ter isso. Porque sabemos que algumas crianças no bairro tiveram sarampo ou tosse comprida, esperamos que à nossa casa há de vir também o sarampo ou a tosse comprida. Nossa mente está sempre preparada dessa forma negativa e é difícil vencê-la ou modificá-la para uma forma positiva, a fim de esperarmos coisas boas. Isso raramente esperamos.

A única vez que compramos ilusão é quando adquirimos um bilhete de loteria. Aí sim; nessa ocasião todo mundo espera que seu dia chegará. Espera. Mas não chega. É interessante quando se ouve respeitáveis chefes de família dizerem: "Preciso fazer economia: preciso ter um dinheirinho na Caixa". Por quê? "Porque amanhã pode ser preciso uma operação em casa". Ele está precisando de dinheiro para uma operação: está criando a ideia mental de uma operação, de uma vida pobre. Vão-me dizer que é prudência? Ah! Não. Está criando coisas más, está vendo coisas más. Naturalmente, quando há um caso de doença contagiosa, nós todos esperamos a hora de a doença chegar à nossa casa. Procuramos fugir; desinfetamo-nos, procuramos livrar-nos da moléstia fisicamente; moralmente, no entanto, estamos chamando a doença, provocando-a. Conheço a história da peste que se aproximava de uma cidade, ao lado da morte. O governador da cidade ia saindo. Encontrando a morte, disse-lhe: "Escute uma coisa; não faça muito mal à minha cidade". A morte olhou-o e disse-lhe: "Não. Vou tirar 3.000 pessoas só". "Bem; sendo assim, paciência", disse-lhe o governador. E saiu. Contudo, soube durante o caminho que tinham morrido 20.000 pessoas. Quando voltou, encontrou a morte e a peste que regressavam. Ele parou e disse à morte: "Você me prometeu tirar 3.000 pessoas, mas tirou 20.000; um excesso de 17.000 pessoas; como foi isso?" A morte olhou-o bem e respondeu-lhe; “Não, tenha paciência. Eu e a peste tiramos 3.000 pessoas; as outras 17.000 morreram de medo, não de peste”. O medo foi que fez com que morressem. A nossa mente está sempre esperando coisas más. Devemos criar uma atitude mental forte, uma atitude mental positiva, a ideia de vencermos dentro da vida, de sermos felizes.

Não viemos ao mundo para sofrer. A dor purifica, a dor eleva? Não. A dor é perfeitamente desnecessária. Vamos deixar de doenças, de pestes, de dor. Vamos sentir na vida a alegria, a felicidade. Para combater essa forma negativa no campo da autossugestão, Emílio Coué criou a célebre frase: “Todos os dias, sob todos os aspectos, sinto-me cada vez melhor”.

Achei a frase um pouco grande, um tanto comprida, e nem sempre, nas horas de necessidade, nos lembramos de repeti-la. O Padre Manuel Marie Desmarais, que recentemente fez uma série de conferências nesta Capital, aconselhou a frase seguinte: “O mundo será melhor e mais feliz porque eu vivo”.

Eu, há muitos anos, sintetizei tudo isso numa frase simples e rápida, bem incisiva: "HEI DE VENCER". A minha frase, no comum, é mal-interpretada, porque quase todas as pessoas dizem "Eu hei de vencer" da forma que entendem. Para dizer "hei de vencer", seria preciso que primeiro a pessoa dissesse: "hei de me vencer". Há coisas mais difíceis do que vencer-se a si mesmo? Sintetizando, prefiro dizer: "hei de vencer". Não sei como, nem quando, nem de que forma, nem de que jeito, mas sei que "hei de vencer".

Uma ocasião, duas rãs caíram em duas vasilhas com leite. Uma rã era da escola do "Eu hei de vencer", da energia, da vontade, da perseverança. A outra era uma rã que aceitava o destino pelo destino porque estava escrito no "Matktub" dos árabes. A rã do "Hei de vencer" começou a nadar e a dizer "Hei de vencer". "Eu hei de vencer"; a outra rã rezava e dizia: "Seja feita a vontade de Deus". A primeira batia os pés, fazia força, e a segunda dizia: "Minha irmã, por que essa força? Não adianta cansar-se; daí você não sai mesmo". A rã perseverante respondeu: "Saio sim. O prof. Riedel diz que devemos vencer; portanto, "hei de vencer". Com certeza essa rã assistira a algumas de minhas palestras! No fim de algum tempo, aconteceu uma coisa que ninguém esperava: de tanto a rã bater os pés, o leite virou manteiga. Então ela firmou o pé, pulou fora e disse: "Eu hei de vencer". A outra continuou no seu fatalismo e morreu. Assim, na vida, a nossa atitude mental modifica a nossa situação. Quando menos esperamos, a situação muda, modifica-se. O difícil é criarmos a atitude mental — "Eu hei de vencer". Não sei quando nem como. Não sei quanto tempo o leite batido pelas patinhas da rã levou para virar manteiga. Agora: "Eu hei de vencer" cria uma atitude mental forte. Bastante semelhante a essa história das duas rãs, é um trecho de uma das conferências do Padre Desmarais sobre a Psicologia Aplicada. Ele trata da influência do psíquico sobre o físico:

"Quem não sabe que o otimismo, a confiança de sarar, é para um doente o melhor remédio?

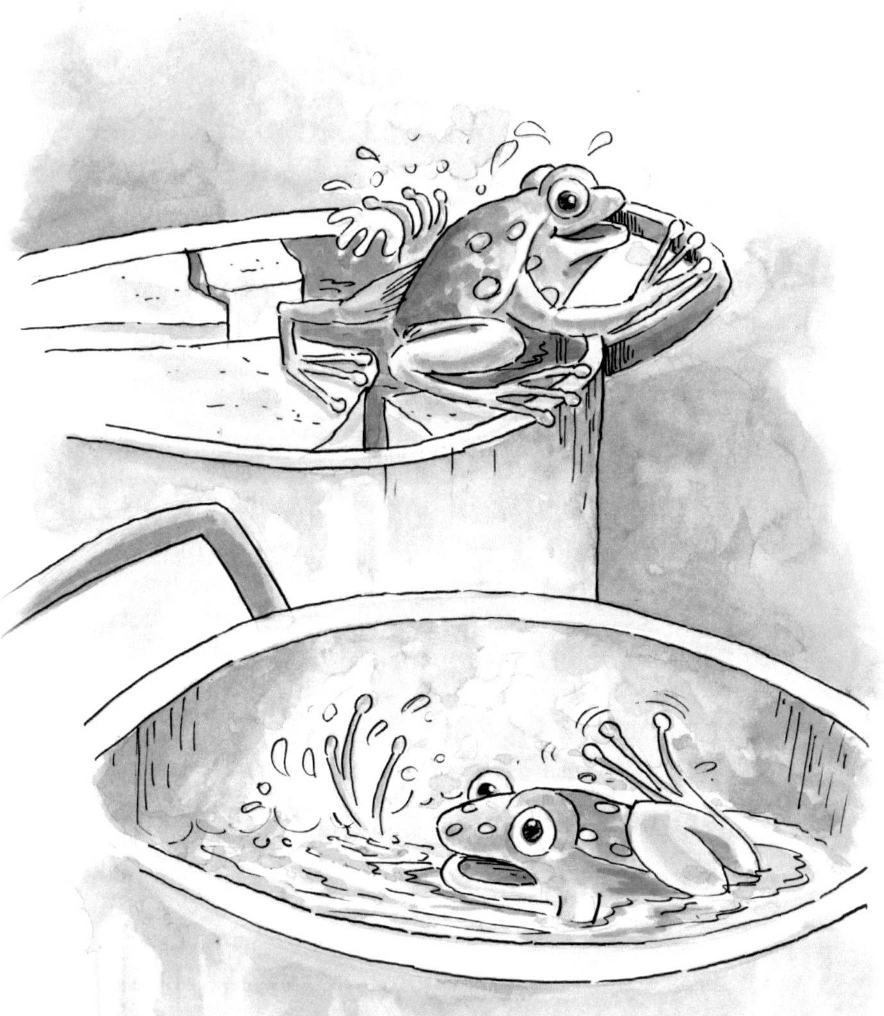

“Na vida, a nossa atitude mental
modifica a nossa situação.”

Havia no Canadá um padre dominicano tuberculoso, que os superiores mandaram para um sanatório. No quarto que lhe fora reservado, encontrou um padre de outra comunidade, que se achava mais ou menos no mesmo estado de moléstia. Desde o começo, o nosso padre repetia: "Quero sarar, quero sarar". Pôs-se a rezar com ânimo, a estudar liturgia, a história da igreja, etc. Como passatempo recreativo, começou uma coleção de selos. Uma correspondência abundante com filatelistas dos países, os mais diversos, ocupou várias das suas horas vagas. Desse modo, manteve-se ocupado, jovial, confiante, rejeitando toda introspecção mórbida na sua doença.

O outro padre, ao contrário, passava a maior parte de seu tempo desocupado, ruminando as suas ideias negras. "Que pena!", suspirava ele. "Os médicos dizem que terei de passar dois anos aqui. Dois anos, como custam a passar! Sou padre... as almas têm tanta necessidade de ministério sacerdotal! Que pena!" E multiplicava durante horas as suas lamúrias.

O que aconteceu? Depois de um ano e meio esse padre pessimista morreu. O seu companheiro otimista, o dominicano, saiu do sanatório no fim de dois anos, completamente curado. Retomou as suas funções apostólicas e ainda hoje, depois de quinze anos, trabalha com eficácia, para "o maior bem das almas".

Essa história do Padre Desmarais é bastante semelhante à minha das duas rãs. O padre dominicano com sua atitude mental, não estando preocupado com o que lhe iria acontecer, resolveu a sua situação.

É muito comum as pessoas dizerem: "Porque a minha dor de cabeça, a minha asma..." Fazem da doença uma coisa, uma propriedade sua, e fica de tal maneira gravada no seu subconsciente, que a dor não passa nunca. Ainda há pouco tempo tive ocasião de observar em Porto Alegre uma pessoa que veio consultar-me sobre uma dor horrível que sentia numa perna amputada alguns anos antes. Continuava sentindo dor na perna amputada, o que em medicina se chama "dor fantasma".

Conservada essa dor guardada no subconsciente, nem lhe amputando a perna conseguiram tirar a dor que sentia. Isso acontece porque é enorme a influência do psíquico sobre o físico. Essa influência é tão grande, que às vezes me perguntam: "Por que as faculdades de medicina não têm um curso de Psicologia Aplicada?" É porque o médico que examina o doente se preocupa tão somente com o físico, já dizia Silva Júnior, um grande médico veterinário do Rio de Janeiro.

Mas essa preocupação do psíquico é, em regra geral, pouco interessante para nós. Nós nos preocupamos sempre com o nosso físico, com a nossa vida, com tudo que é de mau que nos acontece, e quando queremos sair desse estado, a nossa preocupação é tanta, que não achamos nada. Com a mente liberta, uma concentração profunda, um "Eu hei de vencer", resolvemos grande número de problemas em nossa vida. Se buscarmos sempre manter uma atitude mental de "Eu hei de vencer", modificaremos a nossa vida. Eu sei que a maior parte das pessoas diz: "Tenho dito tanto 'Eu hei de vencer', e não me modificou nada". Eu sei. É porque só pensam no "Eu hei de vencer" na hora do apuro. Não criando a força necessária no subconsciente, na hora que começa com o "Eu hei de vencer", não vence coisa nenhuma. É preciso criar o hábito no subconsciente, criar uma força; é preciso dedicação.

Já lhes contei que sofri de uma doença mental nervosa. Para vencê-la, adotei para comigo mesmo esse "Eu hei de vencer". Não devemos ter acanhamento nenhum em dizê-lo, como não temos acanhamento de pegar uma caixa de pílulas e tomar uma delas. Eu escrevia em todos os objetos de uso "Eu hei de vencer". Para estar sempre alerta, escrevi no lenço "Eu hei de vencer". Trazia um papel no bolso escrito "Eu hei de vencer". Puxava a gravata para fora do colete quando estava conversando com um amigo e recolhia-a quando o amigo ia embora. Eu dizia: "hei de vencer", "hei de vencer". Andava o dia inteiro com essa ideia; "hei de vencer", "hei de vencer", em torno de mim, na mesa, em todos os lugares "hei de vencer". Muita gente ria de mim, mas posso-lhes assegurar que de alguns professores que riram de mim, mais tarde fui encontrar na mesa deles um papelzinho com o "hei de vencer".

Ora, se criarmos essa atitude mental, fazendo esse exercício contínuo, todos os dias, todas as horas, de manhã, ao levantar-nos, pensando imediatamente — "Eu hei de vencer", não é necessário rezar; eu passo muito bem sem rezar, porque o "hei de vencer" persistente é uma atitude mental idêntica à prece.

Acordamos de manhã com ideias negativas; acordamos emburrados, zangados porque temos muito que fazer ou porque não temos nada que fazer. Se é durante a semana, dizemos: "Que chato, terei que ir ao escritório trabalhar"; se é domingo, "Que chateação, não tenho o que fazer hoje". Nossa atitude mental é negativa; apesar disso queremos que o mundo gire à nossa vontade, não que o mundo seja como é. Tive um companheiro de quarto, no Rio de Janeiro, um poeta paulista, que à noite escolhia um terno branco, punha-o no guarda-roupa, arrumava-se todo, limpava os sapatos, preparava-se desde sábado para no domingo, naturalmente, ir ver a namorada. Quando, ao chegar o domingo, de manhã, o dia estava encoberto, então ele ficava zangado, bravo, se revoltava todo, e dizia: "Você está vendo? Hoje que eu ia pôr a roupa branca, amanhece um dia assim. Que chateação!" Eu, ao contrário, estava sempre bem-disposto. Um dia ele me disse: "Você não se zanga nunca?" — Não! Não, porque escolho a minha roupa de acordo com o dia, e você quer escolher o dia de acordo com a roupa. Isso é impossível. O dia está encoberto? então visto roupa pesada; está claro? então visto roupa leve. Eu me visto de acordo com o dia. Certa vez ele saiu de casa zangado, aborrecido e, no caminho, encontrou Olavo Bilac. Então Olavo Bilac lhe disse: "Olhe aqui, você compre um par de óculos pretos, bem escuros, e guarde-os em sua casa. Quando amanhecer, ponha os óculos e levante-se com eles, e verá tudo escuro, tudo triste, tudo embaçado. Meia hora depois, arranque os óculos e verá que o dia está bonito, que tudo está lindo". Essa era a atitude de Bilac, que era um grande otimista: o otimismo que o meu colega Zezinho acabou adotando. Querermos o bem a nosso modo, não é possível. Temos que viver dentro da vida, criando um otimismo mental de alegria, desde manhã, levantando-nos com otimismo, alegres e com a ideia "Eu hei de vencer".

Quando digo que devemos adotar o "Eu hei de vencer", esse vencer é vencer-se a si mesmo, vencer dentro da vida, estabelecer uma harmonia interna. Não é preciso ter riqueza para ser feliz, nem ter saúde perfeita, nem coisa alguma. Podemos realizar a nossa felicidade quando criamos essa atitude mental. Tive um amigo, poeta português, que veio para o Brasil tuberculoso, desenganado. Quando lhe fui apresentado, ele estava com a ideia do suicídio. Disse-me francamente: "Estou tuberculoso e vou suicidar-me".

Depois de assistir a algumas palestras minhas, disse-me ter modificado sua atitude mental. Adotou o "Eu hei de vencer". Dias antes de morrer, escreveu os seguintes versos: "Eu hei de vencer", dedicados ao nosso amigo Dr. Walter Autran:

Barco sem rumo pelo mar da vida,
Ao açoite das ondas alterosas.
Depois de longas horas tormentosas,
É rota a vela, a bússola partida...
Mas o nauta sorri, sorri de esperança.
Pensando com fervor e confiança,
Na força criadora do seu "Eu"
E na graça infinita de viver.
Gritando para que o ouça o próprio céu,
Eu quero... Deus o quer... Hei de vencer!...

Isso mostra que, nas vésperas de morrer, ele soube ter uma atitude mental forte, porque "Hei de vencer" não quer apenas dizer que vamos vencer com saúde. É vencer dentro da própria vida. Direi mesmo que na minha vida há uma página bastante dolorosa para mim, mas que ao mesmo tempo para o meu "Hei de vencer", para as minhas palestras de trinta anos, representa um forte estímulo. Vi uma filha, com 21 anos de idade, condenada à morte. Sabendo que ia morrer, sabendo que tinha apenas poucos dias de vida, no dia em que completava 21 anos, deu uma festa em casa. Brincou, conversou e quando lhe pedia que se sentasse e descansasse, respondia: "Por quê? Se eu tenho que morrer dia 6, posso morrer dia 5; é indiferente". E morreu dias depois. Pelo menos preparou sua alma para ter saúde, para viver e para vencer. Se olharmos um pouco para a história dos homens vencedores, encontramos ali um presidente Roosevelt, atacado de paralisia infantil, vivendo anos e anos quase sem saúde e dirigindo os Estados Unidos da América do Norte. Vemos Epicteto que foi escravo; Byron, que era coxo; Camões, cego e desterrado; Beethoven, surdo, cego e asmático; Walter Scott, coxo; Edison, surdo; Galileu, tendo consumido a vida em seus estudos de astronomia, de filosofia experimental, e sofrendo das infâmias da Inquisição, santo humilhado aos setenta e quatro anos de idade por nunca ter mentido; sábio que sentiu, dia a dia, sua vista apagar-se, ao compor suas "Tábuas dos Satélites de Júpiter". Acabou cego, mas trabalhou. Vemos Gustavo Coelho cego, e depois de cego conseguir descobrir a bússola mecânica. Goodrick era surdo e mudo de nascença, mas pela História morreu aos 22 anos, abençoando sua desventura por ter visto as estrelas, contemplado a amplidão e revolucionado a astronomia. Beethoven, surdo, escutava a harmonia das esferas, o hino dos astros! Sejamos assim! Abençoemos a dor, porque vivemos, porque amamos. Fechemos os olhos para contemplar a altura. O ideal seria vermos dentro de nós mesmos, como vemos, no espaço, astros, mundos, miragens, esplendores, condensando o infinito no coração. O sonho é o azul; a poesia é a asa.

Nós criamos em torno de nós um problema, e cada um de nós tem um problema em sua vida. Fica dentro de nós como o peru dentro do círculo de giz; não atina como sair dele. Cada pessoa que me procura — acho interessante — tem um caso

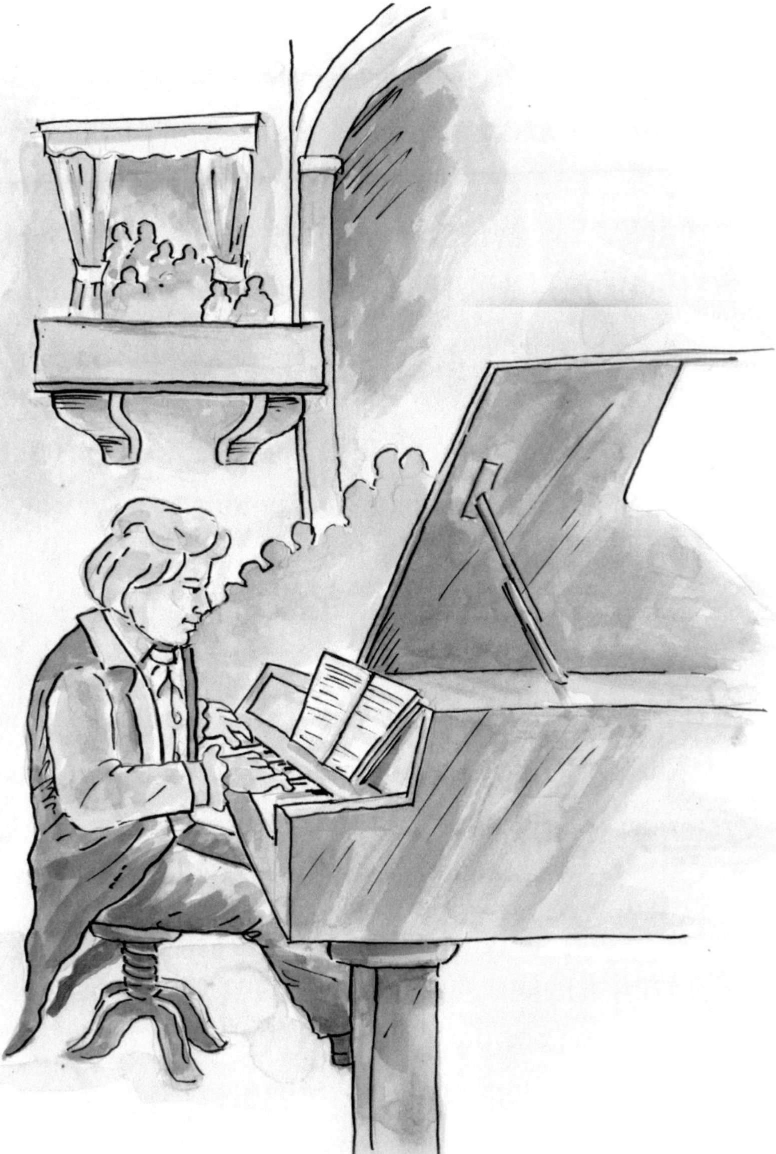

“Beethoven, surdo, escutava a
harmonia das esferas!”

complicado como nunca em sua vida. Para cada um o seu é o mais complicado. Cada um tem, em torno de si, a ideia de que não pode resolver seus próprios problemas.

É preciso criar uma atitude mental forte, uma atitude mental capaz de vencer. Aconselho essa frase "Hei de vencer", mas não queiram usá-la na hora da angústia, na hora da dificuldade; não queiram usá-la para determinado fim, porque eu sei de uma mocinha que pegou o "Hei de vencer" na hora de fazer um exame e o pôs dentro do caderno. Pode ser que vença, não sei; mas não é isso o que aconselho. "Hei de vencer" é obrigatório diante de tudo, diante de todos os conflitos da vida. Eu venci, de qualquer forma, e não me digam que o meu caso é diferente, porque sei que em qualquer aspecto podemos vencer. Em toda a história da força de vontade, a página mais brilhante que conheço é a do "Abre-te, Sésamo", de Hellen Keller.

"Deslumbramo-nos. Abre-te, Sésamo! Desvendemos o enigma. Desnuda-te, Ísis! Para mim,

Hellen Keller representa o esforço da humanidade no seu surto perpétuo para a luz! Hellen Keller é uma cega, surda-muda americana, autora de duas obras admiráveis, *The story of my life* e *The world I live in*, livros cuja leitura produziu sobre meu espírito de filósofo profunda impressão poética. Essa mulher lê, no original, Shakespeare, Goethe, Molière, frequenta museus, exposições, fábricas, vendo com os dedos tão bem como nós; dança perfeitamente, orientada pela vibração trepidante dos instrumentos musicais no ar e no chão, pedala em bicicleta, sabe profundamente matemática, grego, latim, história, geografia, astronomia; desenha, redige artigos para a imprensa; costura, borda, monta a cavalo; é doutora em ciências jurídicas e sociais, tendo também feito com distinção o curso universitário; cantou num concerto uma ária popular; joga xadrez e todos os jogos possíveis; toca vários instrumentos; possui, pelas suas elucubrações filosóficas, ideias originais, do mais puro brilho, da mais clara elevação. Esta mulher assombrosa é uma nova Helena, tão bela, moralmente, quanto o foi pelo físico a inspiradora eterna. É para o cientista, empolgado por múltiplas cogitações, sequioso de adivinhar, oscilando continuamente entre a dúvida e a esperança, a chave mágica do enigma, da sabedoria hermética, do mistério da vida. Ela revela ser infinita a perfectibilidade, mas que o homem pode ter a coragem de sempre, e cada vez mais, corrigir a cegueira da natureza". (Anne Sullivan)

Se ela, surda, muda, cega, pôde vencer, por que não o poderemos nós? Há um ditado que diz "que o pior cego é o que não quer ver".

Nós somos cegos conduzindo outros cegos; somos cegos porque nos falta otimismo, nos falta coragem para vencer. Eu já lhes demonstrei minha defesa; espero que de hoje em diante, os que me ouvem, nunca, em ocasião alguma, se deem por vencidos em qualquer luta, em qualquer conflito da vida. Lembrem-se da história das duas rãs e digam: Sou a rã sofredora, mas "Eu hei de vencer".

6

Onde Está a Felicidade?

Neste momento eu devia estar viajando. Por uma circunstância qualquer, transferi a viagem para amanhã e acontece que cheguei aqui sem saber sequer o que vou falar. Não tinha assunto e sentia-me um tanto vago. Mas fizeram-me uma pergunta hoje: "Existe a felicidade?", e achei que para quem está vago e não tem assunto, não podia ter outro melhor do que esse, que é bastante vago também.

"Existe a felicidade?" Para responder a isto, pergunto: existe o amor? existe a saudade? existe a esperança? Só quem o sentiu pode responder a essas perguntas. Quem nunca amou, não pode acreditar no amor; quem nunca teve saudades, não pode crer na saudade; quem não teve esperanças, não acredita na esperança. São coisas que só pode crer quem as sentiu, quem as viveu. Só quem amou poderá saber o que é o amor. Só quem sentiu saudades, quem se viu longe da pátria, do ser amado, pode saber o que seja a saudade.

Existe a felicidade? Diz uma canção que talvez exista; que talvez more na mesma rua, no mesmo bairro, a senhora dona felicidade. Pode ser que more na mesma rua e tenhamos passado a vida inteira sem percebê-la. Mas a felicidade, segundo outra canção, consiste na saúde, no dinheiro e no amor. Felicidade é ter saúde, dinheiro e amor. Se basearmos a felicidade nessas três coisas, sofreremos.

Tive um amigo, um inglês multimilionário, que conheci a bordo de um iate. Possuía uma mulher belíssima, que ele amava e que o amava; tinha, no máximo, trinta e poucos anos. Um dia, muito deprimido, deu um tiro na cabeça. Isso quer dizer que nem o dinheiro nem o amor fizeram a sua felicidade. Recordo-me de que sempre andamos em busca de alguma coisa que acreditamos seja a felicidade; alguma coisa que desejamos, que queremos e que julgamos ser a felicidade.

Quando eu era menino, existia no Largo da Sé, no velhíssimo Largo da Sé, hoje Praça da Sé, um café na esquina da rua 15 de Novembro, chamado Café dos Girondinos. Os de mais de meio século devem lembrar-se dele. Eu ia para a escola ali na velha rua da Boa Morte, hoje rua do Carmo; passava pelo Café Girondino e ouvia sempre o garçom gritar lá dentro; "Sai um pingado!". Aquele "pingado" que o garçom servia, me dava então ideia de ser uma coisa grande, deliciosa, e eu, impressionado, não fazia outra coisa senão passar o dia inteiro desejando tomar um "pingado". Mas o empregado que me acompanhava ao colégio não permitia nunca que eu entrasse no café para tomar o tal "pingado". O "pingado" era a minha alucinação, o meu sonho, o meu desejo. À noite, sonhava com ele. Uma manhã, quando ia para o colégio, avisaram-me, em casa: “Você hoje tem que ir sozinho; o empregado não pode acompanhá-lo”. Que alegria, que satisfação! Iria tomar um “pingado”! Corri ao meu cofre, daqueles antigos, feitos de barro, quebrei-o, peguei as moedas, enchi o bolso enquanto pensava comigo mesmo: “Será que isto chega para um ‘pingado’?” Entrei no Café e sentei-me. Nem um rei era tão feliz quanto eu, nem uma noiva no dia do seu noivado! Quando o garçom chegou, pedi-lhe, com voz emocionada, um “pingado”. Esperava uma coisa maravilhosa; não sabia o que era, mas a minha imaginação havia criado tal forma, que devia ser uma coisa maravilhosa. O garçom gritou lá para dentro, com sotaque português: “Um pingado!” Fiquei esperando. De repente veio o garçom e colocou na minha frente um copo de leite com um pingo de café: a mesma coisa que eu bebia todas as manhãs em minha casa era o tal “pingado”! Vieram-me lágrimas aos olhos, joguei umas moedas sobre o balcão e saí de lá soluçando. Esta lição ficou-me pela vida afora. Daí em diante, quando me vinha um sonho de glória, um sonho de amor, uma ambição, um desejo, algo que queria muito, eu pensava: Não será um pingado? Posso lhes afirmar que nas poucas coisas pelas quais lutei e venci, alcancei sempre um "pingado". Encontrei um "pingado" em todos os meus sonhos.

Aí me senti vazio na vida. Foi essa a minha primeira desilusão. A segunda, foi minha desilusão de poeta. Tinha começado a fazer os meus primeiros versos, mas lia os versos dos grandes poetas da época, em que pontificavam Olavo Bilac, Guimarães Passos, Emílio de Meneses e outros. O meu sonho, o meu desejo, era conhecê-los. Quando tive oportunidade de ir ao Rio de Janeiro, Martins Fontes prometeu que me apresentaria aos poetas da atualidade. À noite, fomos à rua do Passeio. Descemos uma escada e entramos numa sala mais ou menos escura, o centro da boemia. Uma mesa tosca. Sentei-me e comecei a pensar que quando fosse

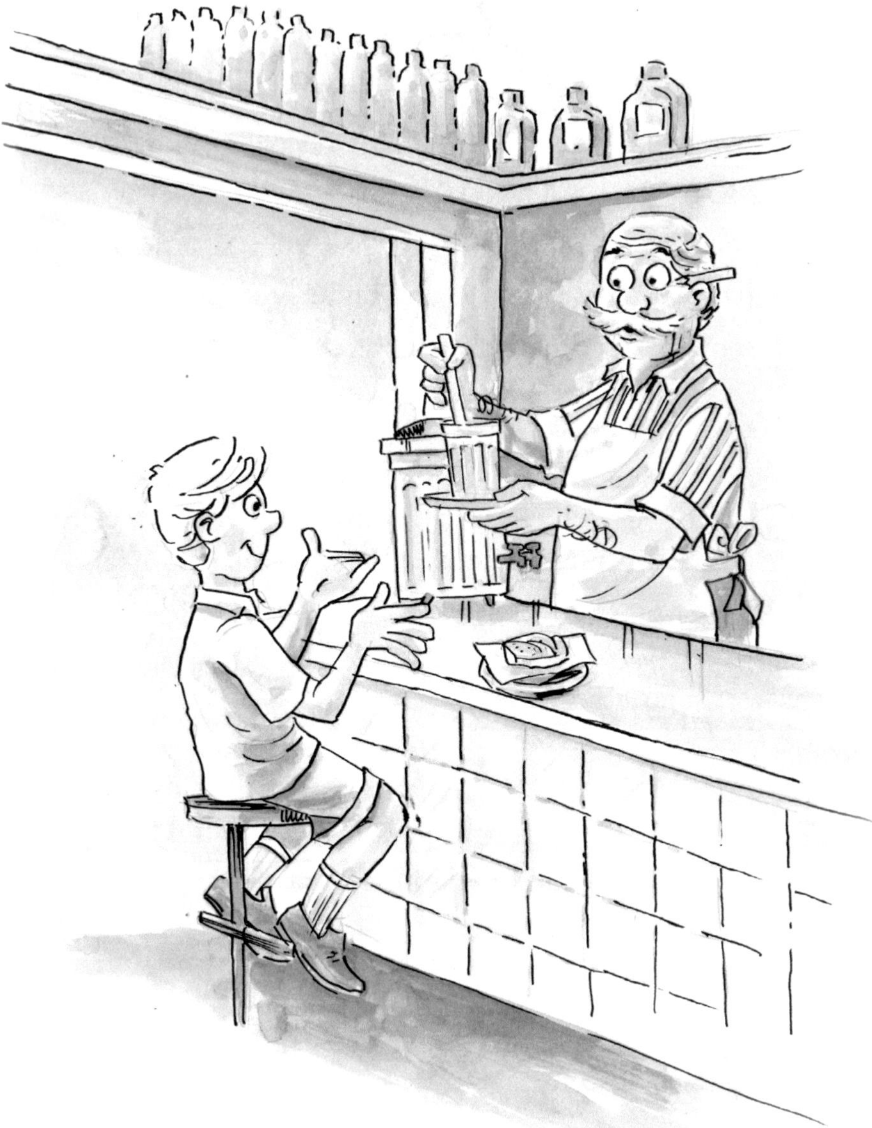

"Não será um 'pingado'?"

apresentado a Olavo Bilac, que para mim era e ainda é a maior admiração e a maior emoção poética, que haveria de dizer? Comecei a formar frases, mais isto e mais aquilo, teci versos para saudá-lo, para dizer-lhe de toda a minha admiração, quando entraram uns moços e se sentaram numa mesa perto. Entre eles estava um de bigodinho, de palheta, contando anedotas meio impróprias. Aquilo estava me causando mal-estar. Eu, no meio de poetas, e ouvindo coisas vãs, pois só falavam bobagens. De repente, um deles se aproximou de nossa mesa e cumprimentou Martins Fontes. Este virou-se e disse: "Meu amigo Arthur Riedel, Olavo Bilac". Foi o tal "pingado". — Fiquei pregado na cadeira. Aquele sujeito de bigodinho, contando anedotas imorais, era o mestre. Depois aprendi a admirá-lo também, mas eu havia imaginado no meu sonho um poeta como uma coisa fora do comum. Pensava que os poetas não fossem iguais aos outros, e sim algo diferentes; que só dissessem frases rimadas, e Bilac era bom companheiro para uma farra.

A vida é assim. Vamos atrás de tudo que criamos, que a nossa imaginação cria. A felicidade está dentro de cada um; nós é que a criamos. A felicidade consiste naquilo que criamos, nas obras que fazemos, e quando a alcançamos, ou vemos que não é a felicidade que sonhávamos (que o digam os casados), ou então descobrimos depois ser uma bolha de sabão que achamos bonita, e quando a pegamos, é um pouco de cuspe e nada mais. Nós criamos sempre essa ideia da felicidade em alguma coisa.

Diz Vicente de Carvalho que "a felicidade está onde a pomos, e nós nunca a pomos onde estamos". Não é bem assim, porque muitas vezes alcançamos a felicidade. Só que esta não passa de um "pingado". Alcançamo-la, mas não era o que queríamos. Os nossos sonhos de glória, quando os atingimos, vemos que são dolorosos. Haverá, diz Bernard Shaw, alguma coisa mais terrível do que a popularidade? Nós criamos sempre o ambiente da felicidade; uma ideia da vida diferente do que ela é. Quando não podemos mais, ou quando não nos é possível criar o ambiente da felicidade aqui, criamos o ambiente da felicidade fora daqui. Então arranjamos um céu todo azul ou todo estrelado ou cheio de anjinhos, repleto de coisas bonitas, um céu que nós imaginamos para depois da morte. O céu deve ser uma coisa muito vaga, porque tenho ouvido a impressão que cada pessoa tem do céu. Conversando com um senhor americano, um dia, ele me disse: "O céu deve ser todo muito bonito, mas eu só compreenderia um céu que tivesse uma rede e um moleque abanando-me". Este é o céu que ele criava. Um negro americano me disse: "O céu deve ser bonito, mas Deus e os anjinhos devem ser negros e deve ter muitos peixes fritos lá" (isto porque ele gostava muito de peixe frito). Quer dizer, nossa imaginação cria o céu à nossa vontade, cada um descreve o céu que imagina. Para mim, deve ser sobremaneira insuportável um céu barulhento. Em todo caso, cada um de nós cria um céu para si, e também uma felicidade para si, uma felicidade a seu modo.

Para indagar se existe ou não felicidade, uma pessoa chegou ao ponto de me fazer a pergunta: "O senhor é feliz?' Então tive que lhe responder da seguinte forma: Se eu lhe disser que sou feliz, você pode não me acreditar; se eu lhe disser que não sou, também pode não me acreditar, e eu não lhe posso provar nem que sou nem que não sou. Ora, se a felicidade consiste em algo que a gente alcança, não há felicidade, porque todo mundo acha que a riqueza traz a felicidade e, entretanto, depois que nós possuímos a riqueza, vemos que ela não representa nada e às vezes só nos dá trabalho.

Conheci uma senhora que possuía grande quantidade de joias; tinha tal preocupação de que roubassem suas joias, que as trancou no cofre-forte do banco e não as usava. Quer dizer que as joias não lhe serviam para nada. Tinha joias, mas não as usava com medo de ser roubada. A sua preocupação era o medo de perder as joias, e vivia numa verdadeira alucinação. Portanto, não é isso a felicidade.

Recordo-me (estou só recordando hoje, porque estou buscando páginas passadas para falar sobre a felicidade) de que, quando moço, comprei certa vez um bilhete de loteria. Era jornalista, vivia do que ganhava até metade do mês. Do meio do mês em diante vivia de vales, quando o secretário da redação dava; quando não dava, muitas vezes jantava café com pão, porém mesmo assim não deixava de ser feliz. Comprei um bilhete de loteria, pois era princípio do mês, e fui para casa. Morava numa chácara na Penha. Li, e depois deitei-me, sempre calmo como quem não tem pecado. Ouvi um barulho. Lembrei-me de que o bilhete tinha corrido naquele dia. Pensei: quem sabe se souberam que o bilhete saiu premiado e algum ladrão me vem roubá-lo? Nunca tive receios, mas levantei-me naquela noite, trancando a janela. Voltei para a cama. Comecei a dormir e ouvi novo barulho. Levantei-me e tranquei a porta. Voltei para deitar-me. Não ouvi mais barulho, mas comecei a pensar: seu eu tirasse a sorte grande, o que iria fazer? Comprar uma casa, comprar isto e mais aquilo. Passaram-me pela cabeça todas as extravagâncias. Com toda essa preocupação, não dormi e a noite ia passando sem que tivesse sossego, preocupado com o que faria com o dinheiro: vou à Europa, não vou; faço isso, não faço. Quando chegou a madrugada, estava cansado, exausto. Levantei-me, fui ao bolso do paletó, peguei o bilhete, rasguei-o e joguei-o fora: se saiu, saiu; se não saiu, melhor. Até hoje não mais comprei bilhete de loteria e durmo perfeitamente bem e tranquilo. São lições que a própria vida nos mostra todos os dias.

É preciso que nós próprios nos descubramos, para encontrar certo bem-estar em nós próprios, sem estar com a mente inquieta, perturbada, cheia de anseios ou desejos, porque assim não podemos ser felizes. Muitas vezes desejamos uma coisa que, pensamos, representa a nossa felicidade, e depois, se a alcançamos, vemos que não é absolutamente aquilo que sonhávamos. Muitas vezes, depois que a alcançamos, faz a nossa infelicidade. Uma vez uma abelha dourada, belíssima, voejava numa sala. Uma criança corria para apanhá-la, e quando estava quase a pegá-la, a abelha fugia. Assim lidou e não conseguiu pegar a bonita abelha, pois quando ia alcançá-la, a abelha fugia. De repente a abelha viu a janela e fugiu para o azul, para o espaço, e a criança pôs-se a chorar. Eu, que contemplava a cena, pensei: "Está chorando porque não pegou a abelha, mas, se a pegasse, levaria uma ferroada tão forte que choraria muito mais, porque choraria de dor física, e agora está chorando apenas a perda de uma esperança". Assim somos nós. Quantas vezes devíamos ficar contentes por alguma coisa que perdemos, porque aquilo que pensamos ser a nossa felicidade, talvez fosse a nossa infelicidade! Talvez fosse uma ferroada na vida. Nós não nos conformamos, e quando queremos determinada coisa, a queremos mesmo; daí fazermos péssima aplicação do HEI DE VENCER, quando pensamos firmemente em algo amado, esperando que aquilo seja a felicidade

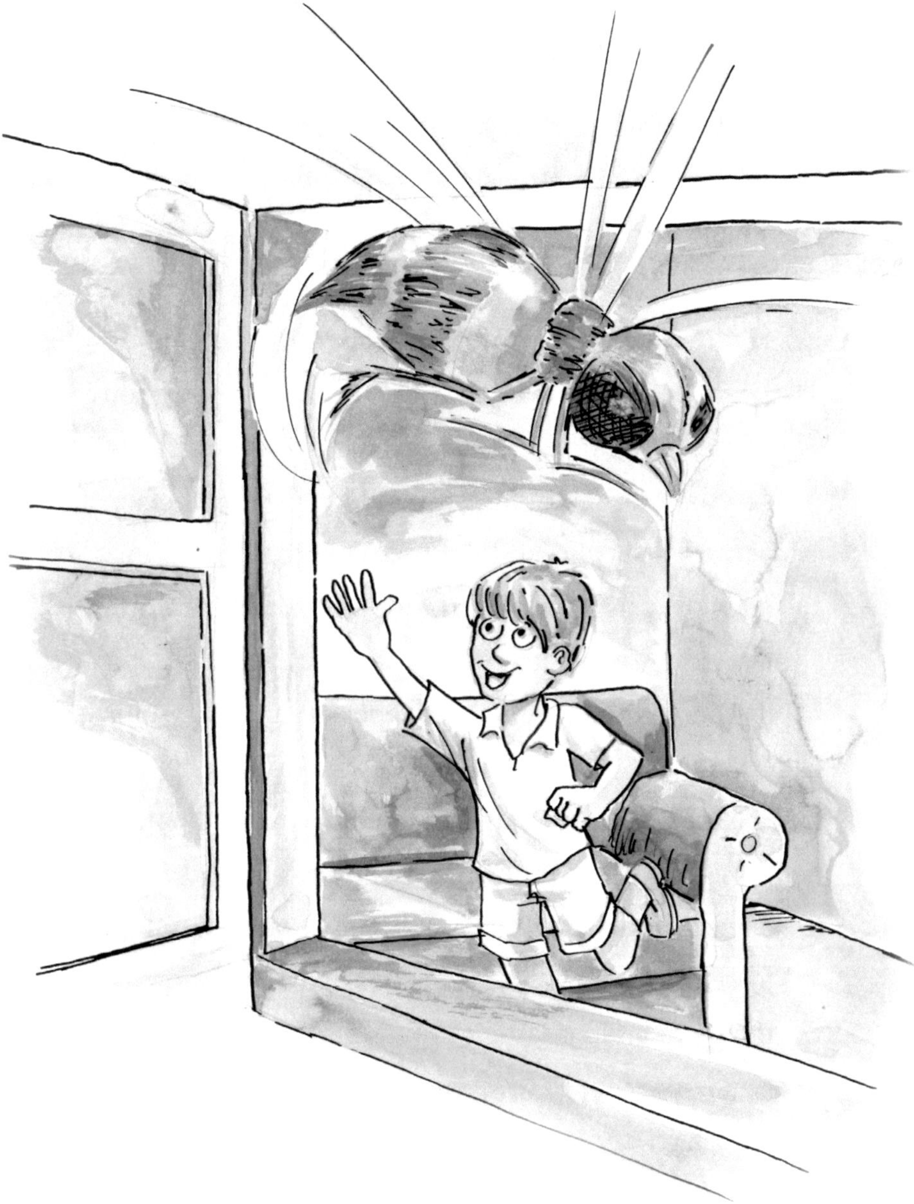

“Aquilo que pensamos ser a nossa felicidade,
talvez fosse a nossa infelicidade!”

e, depois de realizado, vemos que aquilo só nos poderá trazer infelicidade.

Uma moça, minha conhecida, amava profundamente um respeitável cavalheiro e queria casar-se com ele. Naturalmente encontrou dificuldades, porque parecia que ele não mostrava muita inclinação para o casamento. Todos nós sabemos que as moças, quando encontram dificuldades sobre o casamento, correm logo para Santo Antônio. Foi o que ela fez. Prometeu que entronizaria Santo Antônio em sua casa, faria um altar para o santo, se ela conseguisse o casamento. Realmente, pouco tempo depois casou-se com o rapaz. Mas aqui não se aplica a história: "um dia se casaram, foram felizes e tiveram muitos filhos". Não. Estes se casaram e foram infelizes. Santo Antônio arranjou o casamento; ela só lhe pedia para casar-se. Eram muito infelizes, e ele chegou, um dia, até a bater nela. Aí resolveram separar-se. Depois disso, a moça pegou o Santo Antônio entronizado na parede, jogou-o no chão e quebrou-o todo. Ela culpou o santo por sua infelicidade. Por quê? Não lhe dera Santo Antônio aquilo que pedira? Ela queria casar-se, e ele lhe arranjou o casamento. Por isso, quando quiserem muito casar-se, quando quiserem muito alguma coisa, tenham cuidado, pois existe o reverso da medalha. Não é só alcançar aquilo que queremos.

Conheci também um homem em Campinas, bastante relacionado, que vivia modestamente, mas muito bem. Um dia ganhou um milhão na loteria e hoje pede esmolas. Calculou que o milhão não acabava nunca. Fez muita farra, passeou; no fim perdeu tudo e hoje pede esmolas. Será que esse milhão fez a sua felicidade? Sei que vão dizer: "Se fosse comigo, não seria assim". Ninguém responde o que faria se tivesse um milhão. Se eu tivesse um milhão, não sei o que faria.

Com tudo isso, até agora não respondi à pergunta que me fizeram. Não disse se há ou não há felicidade. Disse para comigo que a felicidade é um substantivo abstrato e que existe não em estado transitório. A felicidade só existe quando nós chegamos à conclusão de que somos eternos; de que somos o verbo; de que viemos com o verbo, e terminamos com o verbo. Não temos princípio nem fim. Quando sentirmos isso, quando sentirmos essa eternidade, só veremos, então, o presente. Não estaremos mais com saudades do dia de ontem nem com esperanças do dia de amanhã. Saberemos que todas as coisas que queremos são esperanças que buscamos e que iremos alcançar amanhã uma bem-aventurança, não no céu, e transitória, mas sim quanto mais trabalhamos, mais lutamos, mais nos integramos na fraternidade universal. Aí, então, acharemos que todas as lutas transitórias, que todas as riquezas, os sonhos, a glória, não fazem a felicidade.

A felicidade não consiste naquela história do rei que, para ser feliz, precisava vestir a camisa de um homem feliz, e quando encontrou o homem feliz, este não tinha camisa. Não é verdade, porque o homem feliz pode ter camisa. Isso é uma sugestão de quem tem camisa para sensibilizar quem não a tem, e fazer crer que a felicidade é uma questão própria, para obter o autodomínio de si.

A felicidade também não é como a história daquele doente que chegou ao médico e disse: "Doutor, eu estou mal". O médico examinou-o e perguntou-lhe: "O senhor fuma?" "Não". "O senhor bebe?" "Não". "O senhor gosta de viajar?" "Não". "O senhor namora a mulher do próximo?" "Não". Então, disse-lhe o médico: "Por que quer o senhor a vida?" A felicidade não é nada disso. Ela deve consistir na realização eterna de um sonho, mas de um sonho que não se pode realizar, de um sonho infinito, de um sonho de todos aqueles dias dedicados à humanidade. De um sonho como o do Padre Damião, que dedicou sua vida aos leprosos e morreu trabalhando em prol dos leprosos. Ele disse um dia: "Meus irmãos! hoje é o dia mais feliz da minha vida; eu sou também um leproso". É difícil compreender como sendo leproso fosse feliz, mas esse foi o dia mais feliz para o Padre Damião. A felicidade está na vida de um médico dedicado à cura do próximo, ou das enfermeiras, de todos aqueles que trabalham pela humanidade, de todos aqueles que se esquecem de si para fazer alguma coisa para o bem da humanidade, sentindo que isto está acima de sua vida, que sua própria vida não lhes pertence, como a vida dos Mestres da Sabedoria infinita, de todos aqueles que pensam num desejo, numa esperança de evolução, que voltam para o espaço de onde vieram. Esse o grande sonho. Esses podem ser felizes, como Ícaro que tinha os pés e as mãos no barro e asas para voar. Felizes são aqueles que sonham, que vivem no azul do espaço, no azul da fantasia e os que se dedicam às causas nobres, que lutam para o bem do próximo.

Pasteur trabalhava na descoberta do micróbio da cólera. No seu laboratório esquecia-se de comer, de vestir, e dizia: "Tanta gente morre vítima da mordida de animais e eu, então, não hei de descobrir o micróbio para a cura dessa gente?!" — Vieram-lhe dizer um dia: "Mestre, uma de suas filhas, Raquel, está muito mal". Ele respondeu: "Já vou". Passaram-se horas, o dia todo. No outro dia ele continuava no laboratório. "Mestre, sua filha agoniza." "Sim, já vou", foi a resposta. Pouco depois lhe vieram dizer: "Sua filha morreu", e ele respondeu: "Se ela morreu, que posso fazer? preciso continuar trabalhando para os que não morreram", e continuou em seu laboratório. Esqueceu essa dor profunda, essa angústia profunda da morte de uma filha, porque tinha um trabalho a realizar. Pasteur trabalhava novamente para a descoberta de um mal que consumia os vinhedos da França e vieram-lhe dizer novamente: "Mestre, sua filha (uma outra filha) agoniza". E ele continuou trabalhando. Vieram lhe dizer pela segunda, pela terceira vez: "Mestre, sua filha agoniza" e ele continuava trabalhando; e quando lhe vieram dizer: "Sua filha morreu", naquele momento ele tinha acabado de descobrir o micróbio e respondeu: "Salvei os vinhedos, salvei a França". Esses são os homens que não são da Terra, são homens que a morte, as dores físicas, as angústias não atingem. Pasteur estava sendo glorificado. Saiu para receber a medalha do mérito e, quando entrava no recinto, teve um derrame. Agonizando, disse: "Que pena, eu ainda tinha tanto que fazer". Esses homens não sofrem. As dores não os atingem. São felizes.

Felizes são os mártires da religião, são aqueles primeiros cristãos que foram lançados às feras, mas que morriam felizes porque morriam por Jesus. Felizes são todos aqueles que se esquecem da vida terrena, todos aqueles que vivem por uma ideia positiva, por um sonho. Eu sei que nós ainda não atingimos essa fase, sei que ainda nos falta algo, mas podemos começar, porque sabemos que não há filho predileto da Divindade, não há seres que nascem melhores ou piores. Há seres que já alcançaram e os que não alcançaram, mas alcançarão um dia, quando compreenderem que todos nós somos pétalas da mesma flor e que um dia, unidos, seremos flor da própria vida. Então, veremos que os espinhos da vida, as lutas, não nos atingem mais, quando nos querem mal ou bem. Que nos importa tudo isso, se estamos acima dessas lutas! Quando procurarem ferir-nos, que nos importa, se trabalhamos por uma ideia, se sentimos que a humanidade é uma criança grande e nela cada um dá o que tem?

Trabalhando certa vez num sanatório de doenças mentais, um doente resolveu nomear-me vice-governador-geral do mundo. Nunca entendi por que vice. Quando eu entrava no pavilhão, ele batia palmas, fazia os outros doentes perfilarem-se e fazerem-me continência. Eu era o vice-governador-geral do mundo! Havia outro doente que tinha a mania de dizer que eu era ladrão. Quando eu entrava no pavilhão, escondia tudo, pegava as suas coisas, punha-as embaixo do colchão e se sentava em cima, porque eu era ladrão! Havia outro, ainda, que um dia, conversando comigo, disse: "Até logo, o senhor vai embora". Ora, meus amigos, aprendi nessa história uma das grandes filosofias da vida. A vida é o que nos ensinam.

Aprendi, por conseguinte, dentro da própria vida, que a minha felicidade consistia em mim mesmo e não no que os outros pensassem de mim. Quando alguém vier me dizer: "Fulano disse que o senhor é um mestre, isso e mais aquilo", olho e respondo: "Esse é dos tais que me nomeiam vice-governador-geral do mundo". Outro diz: "Disseram-me que o senhor é um charlatão, um explorador". Penso logo: "Esse é dos tais que escondem a sua roupa, pensando que sou ladrão". Diante disso, a vida não me fere. A felicidade consiste nisto: em ser o espelho da própria vida, sentindo a vida dentro de si, pensando: "Eu sou quem sou; não sou o que os outros pensam". Não posso ser o que os outros pensam. Se formos atrás dessas veleidades, desse orgulho, desse personalismo e de todas essas coisas que pertencem à vida, não alcançaremos a felicidade. A felicidade existe e nós a alcançaremos, todos a alcançarão, porque para o Pai não há filhos prediletos, não existem alguns felizes, que vão para o céu, e alguns infelizes, que vão para o inferno. Iremos todos para o Pai, os criminosos, os assassinos, maus e bons, ricos e pobres, enfim, todos iremos para o céu, algum dia, alguns mais depressa, outros mais devagar, mas todos iremos, como disse Ele ao bom ladrão: "Hoje estarás comigo no Paraíso". Outros terão, alguns anos mais tarde, a certeza de estarem lá algum dia. Todos estarão com Ele no Paraíso.

7

Onde Está a Verdade?

O que é a verdade? A verdade é o que a percepção dos nossos sentidos mostra ser a realidade. Todavia, é necessário não confundir verdade com realidade. A verdade, segundo a mitologia, mora no fundo de um poço, com um espelho. Não entendo muito bem por que o espelho no fundo do poço. A verdade anda nua. Quer isto dizer que nenhum de nós deve colocar o "manto diáfano da fantasia"; devemos dizer a verdade nua e crua. Mas, o que é a verdade? Saindo da verdade simples, dissecando a verdade, falsificando-a, chegaremos à conclusão de que ela é perfeitamente subjetiva. Não é objetiva. A verdade não é o que os nossos olhos veem.

Ora, já o velho S. Tomé queria ver para crer e, naturalmente, S. Tomé viu e creu. Acontece que nós hoje sabemos que o que nós vemos não é a verdade. Muitas coisas nós vemos que não são realidades. Por exemplo, nós vemos no céu um arco colorido, o arco-íris; no entanto, o arco-íris não existe. É um raio de sol que, atravessando gotas d'água, projeta na vista do observador o realmente inexistente; no céu não há arco nenhum. Vemos o colorido, mas ele não existe; por conseguinte, vemos uma coisa inexistente. Nós sabemos que o arco-íris é uma composição de raios solares. Há também o prisma. Se colocássemos um prisma no centro de uma praça e perguntássemos a diversas pessoas que estivessem em torno desse prisma qual a sua cor, teríamos todas as respostas diferentes. A pessoa que estivesse de um lado, diria vermelha. A outra corrigiria: "Você está errado; é alaranjada". Uma outra terceira:

"violeta". E assim, cada um diria uma cor diferente, conforme visse por um dos sete lados do prisma. Quer dizer, teríamos sete cores diferentes, sete pessoas vendo num mesmo objeto sete cores diferentes. Cada uma delas seria capaz de jurar que estava com a verdade, pois a verdade é o que ela está vendo. Se essa pessoa andasse um pouco de lado, veria duas cores. Então diria que o prisma tem duas cores: violeta e vermelha. Se andasse mais um pouco, diria que o prisma tem três cores: vermelha, alaranjada e violeta. À medida que fosse andando, quando completasse a volta em torno do prisma, diria aos que estivessem parados: "Vocês não veem; o prisma tem sete cores!" Sim, realmente viu sete cores; no entanto, quem não viu coisa alguma, quem estudou um pouco de física sabe que o prisma não tem cor nenhuma; ele decompõe apenas o raio solar. Por conseguinte, o prisma não tem cor e apresenta sete cores.

Nós vemos um céu azul, um mar verde, uma infinidade de coisas que nossos sentidos percebem e que, no entanto, não existem. Diria: mas, então, ver para crer não é uma verdade? Hoje sabemos que a nossa percepção é maior do que a nossa visão. Mas nós cremos naquilo que vemos, ou cremos naquilo que nos disserem? A nossa cultura, a nossa mente, nos mostra a verdade; daí termos: "ou crê ou morre". Nós cremos ou sabemos uma série de coisas que o passado nos diz ser verdade, mas que é diferente daquilo que a ciência nos apresenta como uma verdade nua.

Quando alguém procura apresentar-nos uma verdade nova, uma verdade diferente daquela que tínhamos como certa, o que acontece? Nós aceitamos a ciência oficial que grita e que proíbe quase tudo. A ciência oficial vive sempre fazendo barulho contra as descobertas modernas. Sempre a ciência oficial fez barulho, porque sempre dogmatizou tudo.

"O dogmatismo é uma teoria do conhecimento que atribui ao homem a faculdade de atingir, pela razão, a verdade absoluta. Com gradações importantes, constitui o fundo das doutrinas platônicas, peripatéticas, estoicas, neoplatônicas, cartesianas, leibnitzianas e spinosistas. Apesar da revolução feita por Kant, o dogmatismo é a base das grandes metafísicas que, durante uma parte do século, estiveram em voga na Alemanha. O dogmatismo comporta pelo menos duas formas: uma positiva (a mais frequente) e outra negativa. Negar com certeza é ainda dogmatizar. Na história da filosofia é o ceticismo que tem sido, de ordinário, oposto ao dogmatismo."

"O dogmatismo baseia-se sempre em fatos, teorias ou estudos, comprovados e aceitos como verdadeiros. A verdade, como disse, é subjetiva, e uma verdade deixa de ser verdade quando descobrimos algo mais avançado do que o que sabemos. Assim, a verdade para nós, hoje, amanhã deixará de ser verdade. Tem que deixar de ser verdade, porque nossos conhecimentos atingem um maior grau de evolução."

Quando Galileu estudou as Leis de Copérnico e apresentando-as à Real Sociedade, fez avançar a teoria do movimento da Terra, a Inquisição o condenou a retratar-se porque era o Sol que girava em torno da Terra, segundo queria a ciência oficial de então, e, absolutamente, a Terra não podia girar em torno do Sol. A Terra estava bem parada, não podia ter movimento, e Galileu, aos 70 anos, diante da Inquisição, foi obrigado a retratar-se e saiu dali, segundo conta a história, batendo os pés e dizendo: "E pur si muove". Apesar da Inquisição não querer, a Terra está se movendo até hoje. Para eles, a verdade absoluta, a verdade bíblica deixou de ser verdade. Parece-me que a Terra está girando, embora haja muita gente que não o aceite.

Há tempos, quando estive no Norte, conversava à noite no alpendre, diante da casa, com vaqueiros e sertanejos e, contemplando as estrelas, comecei a fazer uma dissertação astronômica. Iniciei-a com aquela história que aprendemos nos grupos escolares: "O Sol é milhares de vezes maior do que a Terra". "O Sol está a tantos quilômetros de distância da Terra". "As estrelas estão a milhares de quilômetros de nós", etc.

Depois da conversa, eles saíram e ouvi, então, um dos vaqueiros olhar para o outro e dizer: "Homem mentiroso". Sim, para ele eu era um mentiroso. Ele não podia acreditar que a Terra girava quando estava vendo a Terra parada. Para ele, naturalmente, quem girava era eu.

Cada qual tem uma verdade relativa de acordo com a sua percepção. O que tem impedido a descoberta da verdade, o que não nos faz ainda caminhar em busca da verdade, é a ciência oficial e, também, a religião. As religiões o têm entravado porque se baseiam em livros dogmáticos, como a Bíblia e o Alcorão. "O homem foi feito de barro" (até hoje não sei onde Deus arranjou o barro) e daí por diante. A ciência oficial tem combatido todas as descobertas novas. Todas as descobertas que a ciência tem feito foram antes condenadas pela ciência oficial e pelas academias reais.

Assim, Anton Von Leewenhoek, um holandês, descobriu que uma gota d'água continha uns bichinhos que se mexiam. Ele tinha uma lente, observou e viu os bichinhos mexerem-se. Achou o fato bastante interessante, porque não supunha que pudessem existir animaizinhos tão pequeninos que a vista humana não os poderia ver. Colocou no microscópio outra gota d'água e viu outra vez os bichinhos que se mexiam. Pegou uma gota de sangue que havia caído e viu que também tinha bichinhos. Achou o fato surpreendente e o comunicou à Sociedade Real de Londres e à Academia de Medicina de Londres, e elas resolveram não tomar conhecimento, e na sessão em que tal assunto foi apresentado, o presidente da Academia tomou em plena sessão um copo d'água e disse: "Vou beber bichinhos", e a assistência disparou numa risada. Acredito que no outro mundo esse respeitável membro da Real Academia, com sua toga, sua beca e sua cabeleira, deve estar morrendo de vergonha ao saber que hoje qualquer criança conhece a existência dos micróbios.

Semmelweis, que não era médico, impressionou-se com a mortalidade que havia entre as parturientes naquela ocasião. Observou, no hospital em que trabalhava, que as parturientes que eram atendidas pelos médicos, pelos professores, morriam, e as que eram atendidas pelas enfermeiras não morriam. Constatou isso, observou e descobriu que os médicos que operavam não lavavam as mãos. Naturalmente, achou que transmitiam moléstias (não sabia ainda dos micróbios) e aconselhou os médicos que lavassem as mãos. Pois esse homem foi preso e morreu num hospício de Viena. Hoje a ciência oficial sabe perfeitamente como se transmitem os micróbios, conhece os micróbios que causam todas as moléstias, e os médicos, atualmente, graças a Deus, lavam as mãos, põem luvas, máscaras, vestem-se como fantasmas brancos antes de operar, e ficam quase enciumados diante dos velhos médicos que operavam de cartola e luvas, e levavam seus animais para passearem.

A ciência oficial não admite nunca uma verdade nova, e mesmo o povo também não a aceita. Quando Fulton, possuindo o primeiro barco a vapor, subiu o Mississípi, não tendo cavalo atrelado

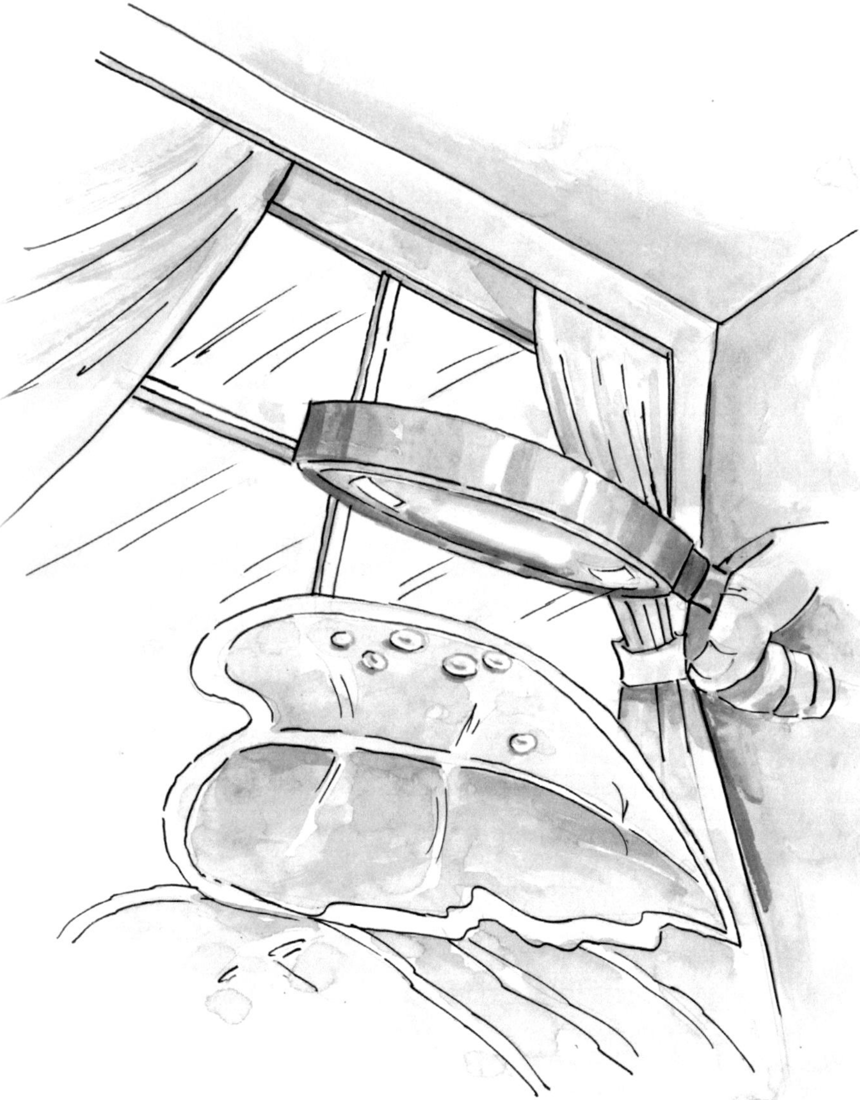

“A ciência oficial e o povo não
aceitam as verdades novas.”

ao barco, foi apedrejado pelo povo, porque, diziam, nele havia o diabo. Aquele barco fazia um barulho danado, soltava fumaça, tinha o diabo dentro. A ciência oficial e o povo, portanto, não aceitam as verdades novas. Religiosamente ficamos nas velhíssimas verdades. Se observarmos desde as primeiras ideias religiosas, até nas religiões mais avançadas, notaremos que as modificações religiosas foram bastante pequeninas, isto porque as religiões são baseadas em livros dogmáticos que não aceitam a evolução da ciência.

Estamos numa época em que devemos falar a verdade, na qual os homens "estão pondo as manguinhas de fora", não se importando com as religiões, mas isso porque não existe a Santa Inquisição, pois, se tal existisse, alguma coisa lhes aconteceria. Eu seria pendurado numa figueira porque estou pregando heresia. Não estou longe, porque Sócrates, dizendo menos do que isto, foi obrigado a suicidar-se, pois estava "corrompendo a juventude".

A verdade, sendo subjetiva, cada um de nós a vê dentro de um aspecto e, se nós estamos imbuídos de uma ideia, se temos uma verdade, não queremos discutir nem aceitamos a verdade dos outros, porque o homem (embora eu tenha lido em alguns livros de cientistas que o homem é o rei da criação, o animal mais inteligente), fico, às vezes, admirado da sua falta de discernimento. O homem é um animal perfeitamente gregário; busca o convívio dos outros homens, e é imitador. Ele imita tudo para acompanhar os outros. Um imita no seu modo de agir, de vestir, de pensar, todos os outros homens; daí ter sido estabelecida a linha dos explorados e dos exploradores. Uns, mais espertos, exploram outros, pregando teorias, que todos aceitam como verdadeiras, porque discernimento e alta compreensão raramente o homem emprega quando crê, isto porque ele deve crer no que os outros mandam. Deve aceitar o que os outros dizem, não pensar por si. Na Idade Média procuravam o mais possível conservar o homem na ignorância. Não devia aprender ou crer em nada. Faz pouco tempo que a mulher adquiriu alguma liberdade, porque o homem, como "rei da criação", não permitia que a mulher tivesse a menor instrução; tinha que ser sua escrava, ficar dentro do lar, ou como as índias, trabalhar enquanto o marido permanecia em casa, deitado na rede. Hoje tudo mudou.

Nós sabemos que no mar, nas grandes profundidades, moram peixes cegos, peixes que nas grandes profundezas vivem no escuro, e que por isso não tiveram necessidade de olhos. Lá, portanto, vivem peixes cegos, que não podem mesmo, devido a seu aparelho respiratório, vir à superfície.

Um dia os grandes peixes resolveram reunir-se numa assembleia para discutir como era o mundo. E, em assembleia, um deles, naturalmente o presidente, começou a dizer: "Olhem, o mar é um paraíso; na terra existe uma porção de pedras, os animais não respiram como nós", etc. Então chegou outro peixe que estava dando pulos para fora d'água, para assistir à assembleia e, escutando o que o presidente estava dizendo, respondeu-lhe: "Vocês estão enganados. O mundo não é só isso. O mundo tem mais alguma coisa lá em cima. Tem água clara e prateada; quando vou à superfície, vejo um azul que os homens chamam de céu, uma coisa brilhante que chamam de Sol, e à noite uma coisa prateada, que é a Lua. O mundo não é só isso que vocês dizem". Então o presidente, um velho peixe, passou a mão numa vara de marmelo e deu uma sova no peixinho, dizendo-lhe: "Saia daqui, seu mentiroso, nós sabemos o que é o mundo". E o peixinho teve que escapar para não morrer. Assim é o mundo. Cada vez que um sábio, um cientista, descobre algo novo, levanta a celeuma dos peixes velhos e o pobre coitado é apedrejado. Copérnico, quando apresentou a teoria de que a Terra não era o centro do sistema planetário, foi tido como absurdo. "O Sol maior do que a Terra?" "Onde se viu isso?" A vaidade do homem de então não permitiu nem aceitou as teorias de Copérnico. Anos depois, após muito estudar e meditar, Darwin chegou a dizer: "Sabem

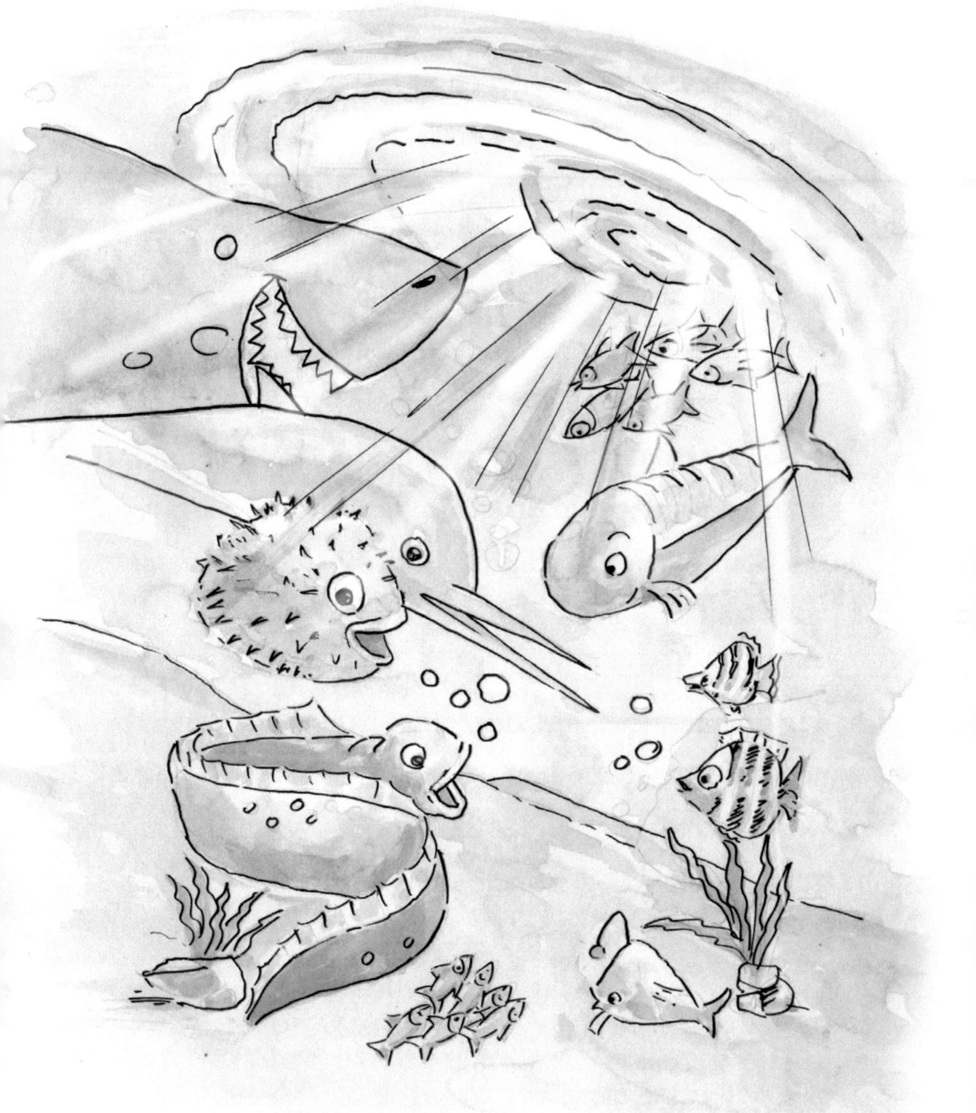

"O mundo não é só isso que vocês dizem."

de uma coisa? Deus não criou Adão e Eva; do macaco veio o homem", e apresentou todas as provas possíveis. No entanto, por pouco escapou da fogueira por causa dessa teoria. Até hoje existe muita gente que não acredita nessa teoria, assim como até hoje existem positivistas que não acreditam nos vírus. É assim a verdade.

A verdade não pode ser exposta. Quando homens de estudo e de ciência, como Camille Flammarion, dizem ao mundo que outros planetas devem ser habitados, surgem os doutos e dizem: "Não. Só na Terra existem homens". Não dissemos que lá existem homens, mas devem ser habitados. A ciência oficial não acredita.

Deus fez este mundo para o homem. Fez o paraíso. Depois o homem foi transformando o paraíso em inferno. Nós vivemos no paraíso; o que não sabemos é viver nele. Deus só podia criar o paraíso e não outra coisa.

Todas as ciências, todas as descobertas são combatidas. Assim, quando queremos estudar alguma coisa, logo dizem: "É proibido". A ciência oficial e a religião oficial não deixam. Quantas obras-primas do espírito não foram devoradas na fogueira da fé!

Creio que não há religião superior à verdade. A verdade é o caminho para o qual devemos seguir cada dia. Caminhamos para a verdade porque ela está no alto da montanha com o espelho na mão. Caminhamos para ela, vamos em busca dessa verdade, como o alpinista que sobe a montanha e cada dia avista mais um vale. Quanto mais subimos, mais a nossa vista alcança a verdade, mais novas verdades vamos descobrindo. Saindo do caminho da verdade, estaremos dogmatizando.

Se eu disser que este papel é branco, estou dogmatizando, porque ele pode não ser branco. Tenho certeza? Não! Suponho que seja branco, devemos ter uma dúvida, porque a teoria da relatividade é bastante interessante. Vamos, por exemplo, tomar outra cor. O vermelho. Se eu disser que vejo uma coisa vermelha e tiver perto de mim um daltônico, ele dirá que estou enganado, que essa coisa não é vermelha e sim verde. Posso chamar testemunhas. De qualquer forma o daltônico continuará dizendo que é verde. Se chamar 1.000 pessoas e essas 1.000 pessoas acharem a coisa vermelha, para o daltônico essas 1.000 pessoas estão erradas. Sim, o daltônico vê verde no vermelho. Se fosse uma cidade só de daltônicos, o que aconteceria? O errado seria eu. Eu que estou certo, para eles não estaria. Entre o verde e o vermelho, a diferença é questão de impressão.

Os filósofos antigos enfileiravam as cores entre as propriedades específicas dos corpos, tais como a dureza, etc. Notando Epicure que a coloração dos objetos variava segundo os tons da luz, pensou que os corpos não possuíssem, de per si, coloração alguma. Descartes e Boyle adotaram esta hipótese. Mas foi Newton que estabeleceu primeiro uma teoria a que deu o nome de Cromática. Hoje sabemos que as cores não são propriedades dos corpos. Os corpos determinam a cor, logo é uma questão de impressão. Nós podemos ter determinada impressão e, por conseguinte, quando supomos que temos a verdade, não a temos. Toda a verdade, principalmente a verdade filosófica, cada um tem que descobri-la por conta própria.

Crer ou não crer não resolve o problema. A gente crê na bactéria, porque a bactéria existe; a gente crê na evolução, porque existe a evolução. São fatos provados. Mas a questão é ser ou não ser, e isto podemos descobrir no decorrer da nossa evolução, de nossa impressão, do nosso próprio conhecimento. Devemos desenvolver cada dia mais a nossa capacidade de meditação, de raciocínio. Vamos sentindo os fenômenos cada vez de uma maneira melhor. Haja vista o fenômeno do espírito. Religiões, ciências e filosofias o têm procurado resolver por processos diferentes, os quais, se satisfazem a uns, não atendem a outros mais exigentes, e a muitos levaram a descontentamento e à desilusão. De maneira geral, admite-se a existência do espírito imortal; em torno dele se edifica uma crença, vaga, nebulosa, que não exerce nenhuma influência construtiva no caráter da maioria de seus crentes ou indagadores. E qual a consequência prática disso? É que na vida cotidiana, crentes e indagadores, ou não, se confundem todos na mesma massa humana temerosa da morte, sedenta de gozos materiais, e indiferente aos direitos e liberdade dos outros.

Ora, devemos estudar, observar, meditar e alcançar uma verdade, não por sugestão, não porque alguém nos disse. Devemos descobrir a verdade, que alcançaremos o caminho da evolução, porque ninguém progride nem evolui, a não ser pelo seu próprio esforço. Não há predileção, não há alguém que receba mais do que outros. Todos somos caminhantes na estrada da vida; todos temos que caminhar, percorrer essa estrada em busca de uma fé, mesmo além da morte.

Depois da morte, a vida deve continuar, mas esse é um problema que cada um tem que descobrir e buscar por si, não crer nem supor. Cada um deve buscar desvendar o seu passado, buscar desvendar o seu presente, desvendar o seu futuro por meio da sua vontade, do seu raciocínio, da sua percepção.

Não acreditar em nada como sendo verdade. Não aceitar nunca o que os outros disserem. Não! Deve, antes, estudar, observar e acreditar no que for melhor, porque a verdade, se for objetiva, é uma verdade para aquele que a está vendo, como para mim são verdades determinadas coisas que alcancei, tal qual a verdade que lhes contei de que a Terra gira, mas que para o meu amigo do Norte não é uma verdade. Isso ele não pôde aceitar e não aceita até hoje. Cada um de nós terá uma verdade quando a alcançar, e é meditando, estudando, observando, que podemos alcançar a verdade. A verdade está onde a pomos. Devemos caminhar para ela, devemos procurar a verdade aqui, ali, até a atingirmos, e assim daremos o primeiro passo no caminho da verdade da luz.

8
Viver é Lutar

Vou hoje, assim com um arzinho de pastor protestante, começar com a Bíblia, Livro I, de Moisés, chamado Gênese:

A criação do Céu e da Terra e de tudo o que eles contêm

"No princípio, Deus criou os Céus e a Terra. E a Terra era sem forma e vazia; e havia treva sobre a face do abismo; e o espírito de Deus se movia sobre a face das águas. E disse Deus: haja luz. E houve luz. E viu Deus que era boa a luz e as trevas. E Deus chamou à luz Dia e às trevas chamou Noite. E foi à tarde e à manhã do dia primeiro, a criação dos seres viventes. E disse Deus; produza a terra alma vivente, conforme a sua espécie; gado e répteis, e bestas-feras da terra conforme a sua espécie. E assim foi. E fez Deus as bestas-feras da terra conforme a sua espécie, e o gado conforme a sua espécie, e todo o réptil da terra conforme a sua espécie. E viu Deus que eram bons. E disse Deus: façamos o homem à nossa imagem, conforme a nossa semelhança; e domine sobre os peixes do mar; e sobre as aves dos céus e sobre o gado e sobre a terra e sobre todo o réptil que se move sobre a terra. E criou Deus o homem à sua imagem. E viu Deus tudo quanto tinha feito, e eis que era muito bom; e foi à tarde e à manhã do dia sexto. E havendo Deus acabado no dia sétimo a sua obra, descansou no sétimo dia."

Depois, ele formou um Éden muito bonito, mas já nesse tempo quando Deus criou o mundo, tinha Ele a ideia interessante de que era o ouro que valia alguma coisa:

> "E plantou o Senhor Deus um jardim no Éden, no lado do Oriente, e pôs ali o homem que tinha formado. E saía um rio do Éden para regar o jardim; e dali se dividia e se tornava em quatro braços. O nome do primeiro é Físon; este é o que rodeia toda a terra de Hevilate, onde há ouro. E o ouro dessa terra é bom: ali há o bdélio, e a pedra sardônica. Mas da árvore da ciência do bem e do mal, dela não comerás, porque no dia em que comeres, certamente morrerás."

Quer dizer que não existia o homem e Deus já sabia do valor do ouro. Já criou o ouro para tentar o homem. "E o ouro dessa terra é bom". Depois Deus pegou uma porção de barro e fez Adão. Deu um sopro e saiu um homem à imagem de Deus. Depois, arrancou uma costela do homem e fez a mulher.

Até aí está o Gênese. Mas a Senhora Dona Ciência, que é uma senhora muito austera e séria, não aceitou esse negócio do Gênese. Os nossos cientistas começaram a estudar a formação da Terra e em vez dos poucos milhares de anos que a Bíblia dá para a formação terrestre, vão eles buscar milhares de milhares de milhões de anos e saber que a Terra se desprendeu do Sol, um globo de fogo, um globo ígneo, e começou já com movimento. Um movimento de rotação e parou. E por isso tomou a sua forma redonda. Começou a girar ao redor do Sol, atraída por uma força de atração, e começou seu movimento circular, movimento de rotação e translação. Ora, sendo a Terra uma massa ígnea, não tinha princípio de vida. Aí ela foi se esfriando e foram aparecendo as diversas eras que nós conhecemos:

> "Primeiro, a era Arqueozoica, onde começam a aparecer as primeiras criaturas vivas; depois a era

Proterozoica (são nomes meio complicados, mas não faz mal), onde se encontram princípios de vários troncos de invertebrados. (Quer dizer, o homem não tinha aparecido; apareceram primeiro os invertebrados.) Depois temos a era Paleozoica, onde só existiram invertebrados; depois temos a era Mesozoica, com os primitivos dinossauros, os répteis primitivos, os peixes, os pássaros dentados, as tartarugas e os pequenos mamíferos; depois temos o período Cenozoico: Eoceno (carnívoros primitivos e os primeiros herbívoros) 60.000.000 de anos a.C.; Oligoceno, 26.000.000 de anos a.C.; Mioceno, 18.000.000 de anos a.C.; Plioceno, 6.000.000 de anos a.C.; Pleistoceno, 1.000.000 de anos a.C., e os tempos recentes."

Só no período Eoceno começaram a aparecer os primeiros carnívoros, quer dizer, os ancestrais do homem. Por aí vemos que a criação do mundo não foi uma coisa tão fácil, não foi como diz a Bíblia: que Deus em seis dias fez o mundo e no sétimo descansou.

Devemos entender bem que a formação do mundo não foi em sete dias. Foram eras, períodos longínquos, distantes, através de uma luta enorme em que a Terra se formou, em que a Terra se fez. O homem não foi criado no paraíso onde havia ouro. Quando foi criado o homem? Se aceitarmos a teoria de Darwin, viemos do macaco. Se não viemos do macaco, nossos avós ancestrais deviam ser algum animal peludo, meio parecido com o homem que andava como macaco, isso porque os tipos que temos encontrado provam que os homens ancestrais andavam como os macacos; tinham os braços mais compridos que as pernas; não eram cavalheiros elegantes como os atuais. Pelo contrário, eram animais bem feios. Ora, esses animais começaram a luta pela vida. A luta pela vida não veio só com o homem; é comum em todos os seres vivos. Todos os seres vivos lutaram e lutam para viver. A luta pela vida é uma coisa necessária e natural à evolução. Foi através da luta, dos conflitos, que os animais foram evoluindo, que o homem foi evoluindo, até chegar ao que nós somos hoje, o *homo sapiens*. O homem tem iniciativa, mas que seja realmente inteligente, tenho as minhas dúvidas. Assisti a um filme, no qual um amigo diz: a mula é mais inteligente que o homem, porque não é a mula que fica com indigestão. Ela come até certo ponto e depois para. As mulas não ficam bêbadas, não fumam; logo são mais inteligentes do que os homens. Também ponho as minhas dúvidas nisso. Não quero elogiar a mula ofendendo o homem; entretanto, os que bebem e fumam meditem sobre essa história.

Os nossos ancestrais lutaram extraordinariamente para viver. Quando vemos, às vezes, uma semente no telhado de uma casa, bem pequenina, procurando um pouco de terra para brotar, lutando para viver, então compreendemos a luta da planta para viver. Quando vemos algumas plantas num canto, vemos os esforços que elas fazem em busca de ar, em busca da liberdade que precisam para viver. As raízes são inteligentes, porque, se plantarmos uma árvore e pusermos de um lado terra firme, estéril, sem adubo, e de outro lado a terra firme, adubada, a raiz procura a terra adubada. Isto mostra a luta pela vida, mostra que a raiz é inteligente. As plantas também têm necessidade de lutar para vencer, e na luta para vencer, na seleção da espécie, vencem os mais fortes. As plantas mais fortes, as mais perfeitas, são as que conseguem vingar e as mais fracas são vencidas. Passando aos animais, vemos a mesma luta pela vida, os mesmos esforços para vencer. Os animais na luta contra a espécie se adaptam à forma, à cor, ao ambiente para, disfarçados, não serem percebidos. A essa transformação chamamos mimetismo. Há insetos que tomam a cor perfeita da planta na qual se escondem. Outros tomam a forma de um galho; outros tomam a cor das folhas. Cada animal, para se defender, usa a lei do mimetismo. A mesma luta vamos encontrar nos animais de pelo. Onde tudo é branco, os ursos se vestem de um pelo branco. Os mesmos ursos, em lugares desertos, são pardos para não serem vistos, para não serem facilmente distinguidos. Essa é a lei do mimetismo, é a defesa, é a simulação na luta pela vida, mesmo porque todos os animais têm que simular para se defenderem.

Há animais que têm veneno para não serem devorados. As plantas têm espinhos para se defenderem; os animais têm garras, dentes, e até as serpentes têm veneno para sua defesa. A luta pela vida se manifesta em tudo e, por conseguinte, no homem também. Desde o tempo das cavernas que os homens vêm lutando para viver; primeiro contra os elementos, e depois contra os seus inimigos naturais.

É o homem, de todos os animais, o mais fraco. Não tinha defesa poderosa ou garras; não tinha forças para lutar, e por isso seria fatalmente devorado, se a lei suprema da criação não tivesse feito dessa diferença dos outros sua arma, dando a ele inteligência para que pudesse valer-se dela na luta pela sobrevivência. Assim, o homem só não foi devorado porque podia manejar o machado para se defender. Naturalmente, como animal superior, o homem foi desenvolvendo sua inteligência. E desenvolvendo sua inteligência, foi obrigado a ir lutando cada vez mais pela vida, porque a espécie foi aumentando, e aumentando de tal maneira, que um sábio chegou a propor a eliminação de todo ser fraco que surgisse. Mas como eles descobriram ouro na terra, e como eles inventaram os tratores e outros instrumentos, não foi mais necessária aquela teoria, porque, está claro, viu-se que cabemos todos bem sobre a face da Terra. Mas a lei de seleção continuou, e continuando, entre os homens são vencidos sempre os mais fracos. Mas agora que estamos numa era relativamente superior, em que a lei do mais forte não é a do mais forte no braço, na força muscular, começam a vencer os mais fortes na inteligência. O homem, então, tem que lutar com a sua inteligência, e vencem os mais inteligentes, ou os que mais desenvolvem a sua inteligência. Daí se vê que a luta, hoje, é travada no campo da inteligência, no campo do conhecimento, e cada um de nós tem que se preparar para lutar pela vida.

Há outros homens que usam ainda o mimetismo, a simulação, que mudam de cor. Haja vista muitos políticos que estão sempre por cima, em evidência, graças à simulação; conforme a cor que está por cima, tomam essa cor. Os homens na luta pela vida necessitam, hoje em dia, desenvolver a sua vontade, a sua cultura e a sua inteligência. "Podemos dizer de um homem que é mais frequentemente enérgico do que apático, e inversamente; mas dizer de um homem, como se costuma fazer, que é bom ou inteligente, e de outro que é mau ou bruto, é desconhecer o verdadeiro caráter da natureza humana. Os homens são como um rio; se bem que formado sempre por água, ora é largo, ora é estreito, lento ou rápido, morno ou gelado. Os homens também trazem consigo o germe de todas as qualidades humanas, ora manifestando uma, ora outra, mostrando-se com frequência diferentes de si mesmos, isto é, distintos do que costumam aparentar. Em certos homens, porém, essas mudanças são mais para se prepararem lentamente, ao passo que em outros são mais rápidas e se sucedem com mais frequência. (Tolstoi, *Ressurreição*)

Os homens precisam, na luta pela vida, desenvolver ao máximo a sua compreensão. Essa luta que enfrentamos em todas as horas nos obriga a estar aparelhados para ela, mas também a desenvolver, como disse, compreensão.

Uma vez um homem, vamos dizer Deus, nos deu a cada um, quando nos formou (aceitando a Bíblia), uma meada de lã. (Essa comparação me surgiu hoje, quando vi uma moça lutando com dificuldade para desfazer o nó de um novelo de lã.) Deus nos deu a cada um de nós um novelo de lã e disse: "Desmanche essa meada e faça um novelo". Nós éramos crianças, estávamos na infância da vida e, como crianças que possuem uma meada, fomos com muita pressa e embaraçamos a meada toda.

O que acontece hoje em dia é que todos nós estamos com a nossa meada completamente embaraçada; cheia de complicações e dificuldades, mas cada um tem que fazer o seu novelo para o entregar ao Senhor, e aí é que está a dificuldade. Há muita gente que pega o novelo e no começo vai bem. Mas quando começa a encontrar os nós no fio que lhe coube, desanima; mas isso não adianta, porque temos que recomeçar, temos de fazer o novelo perfeito e entregá-lo ao Senhor. Enquanto não tivermos o novelo perfeito, não passamos pela face da Terra. Daí, o que acontece?

Cada um de nós tem uma forma diferente de desfazer os nós e, então, começamos a perguntar aos outros como desfizeram os seus nós, como puderam fazer o seu novelo e então aparecem os mais sabidos, e começam a ensinar os outros a desembaraçarem a meada, mas em troca de alguma coisa. Começam a ensinar, mas a ensinar o quê? Se não conseguiram desembaraçar a sua própria meada, como poderão desembaraçar a dos outros? Chegaremos, então, à conclusão de que não é com o ensino que se desfazem nós: é com perseverança, com muita sabedoria.

Não serão os conselhos, não serão as promessas, não serão os pedidos de outros que resolverão os nossos problemas. Cada um tem que desembaraçar a sua própria meada e fazer o seu próprio

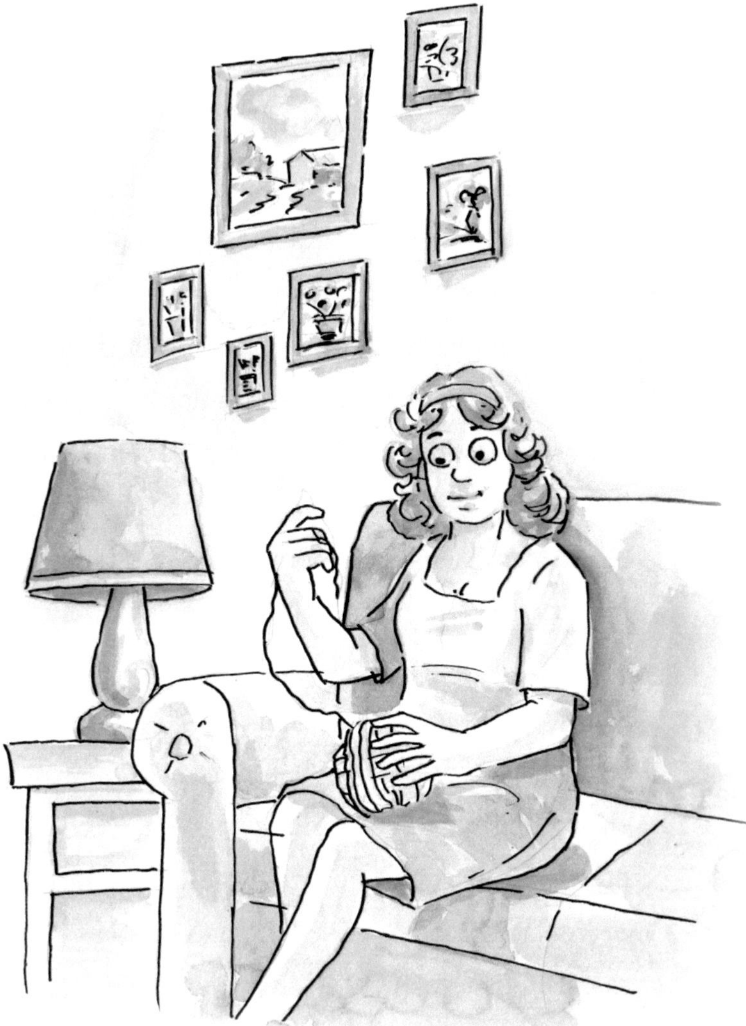

“Não é com o ensino que se desfazem os nós;
é com perseverança, com muita sabedoria.”

novelo. Alguns dirão: "A minha vida tem grande complicação". Isto não é certo, porque as meadas foram distribuídas iguais; o Senhor não deu meada diferente a ninguém. Ele deu as meadas todas iguais e cada um desembaraça a sua meada como pode. Há certas pessoas que resolvem suas dificuldades com bastante raciocínio, com bastante perseverança e com bastante calma. Vão enrolando seu novelo, chegando a aproximar-se do fim. Há muitos que perdem a paciência e arrancam e arrebentam os nós; esses não conseguem quase nada. A vida de cada um de nós está nesse novelo de lã. Cada um tem que completar esse novelo, chegar ao Senhor e dizer: "Está aqui o meu novelo completo". Por conseguinte, fugir à luta da vida, fugir dos conflitos da vida não é resolver os problemas da vida; implorar às forças superiores, implorar a Deus para resolver nossos problemas, não é vencer.

Cada um de nós tem que vencer seu karma; cada um tem que vencer sua luta, cada um tem que vencer seus próprios conflitos. Quando pedirem alguma coisa às forças invisíveis, peçam que lhes deem paciência para desfazerem esse nó, porque todos temos algum nó, no ambiente, no meio em que vivemos, na miséria ou no excesso de dinheiro. São conflitos que todos nós temos, mas não devemos pedir a colaboração de ninguém; não adianta pedir a alguém para resolvê-los por nós. Com calma, com paciência, com perseverança, podemos solicitar a ajuda dos auxiliares invisíveis, podemos pedir o auxílio dos mestres, mas é necessário que cada um desfaça os nós de seu próprio novelo; eles não desfazem nossos nós.

A não resistência num mundo formado pela evolução natural e pela luta pela vida é um convite à agressão e à escravização. Será negar a própria lei da evolução, será negar a própria lei do karma. Repare atentamente no princípio da fraternidade. Quando encontramos alguém que se aproxima de nós e tem fome, podemos dar-lhe um prato de comida, mas, se esse alguém tiver câncer na garganta, não podemos comer por ele. Pode ter o prato de comida ali, que não comemos por ele; a pessoa tem que comer ou morrer. O problema é dele e não nosso; nós apenas o ajudamos. Assim, as forças auxiliares invisíveis podem nos ajudar, mas não resolver nossos problemas, porque cada problema deve ser resolvido por quem o sente. A vida é uma luta e precisamos estar preparados para lutar nela com calma, com a certeza de que haveremos de vencer.

Quando vemos um lago de água azul tranquila, tão bonito para a vista, parece-nos que ali estão a paz e o repouso. No entanto, se batermos com uma vara nessa água, vemos que no fundo há lodo, há musgo, há micróbios, há morte. Mas a água que corre nos rios de repente despenca numa cachoeira, bate nas pedras, esparramando-se, esborrifando, e surge embaixo uma água clara, pura, cristalina. A luta a purificou. A luta é a vida, e onde há vida, há luta pela vida. Por conseguinte, lutemos, aceitemos a luta. Gonçalves Dias disse: "A vida é combate,/ Que os fracos abate,/ Que os fortes, os bravos,/ Só pode exaltar". Portanto, devemos lutar, lutar com calma, com serenidade, com compreensão, procurando ver que cada vez que conseguirmos desfazer um nozinho da meada, do novelo da nossa vida, teremos enrolado mais um pouco, teremos caminhado mais para a verdade, para a libertação. Se me perguntarem agora o que acontecerá quando tiver o novelo enrolado, responderei: não sei. Talvez os Mestres da Sabedoria tenham alcançado a resposta. Eu não posso responder, porque posso afirmar que a minha lã também tem ainda muitos nozinhos.

9

Da Tristeza à Alegria

O homem é o animal mais triste do mundo: nasce chorando, vive chorando e morre chorando. É dos animais, dizem, o único que sabe rir, mas não ri. O riso do homem é triste; é um riso que antes parece choro. Na infância ainda ele dá, às vezes, uma risada e brinca um pouco satisfeito. Na mocidade, vai-se tornando melancólico; na meia-idade é sorumbático e, depois de velho, torna-se insuportável. É um animal profundamente triste. Para viver precisa fumar. Se perguntarmos ao fumante por que fuma, responderá que é para se distrair. A fim de se animar um pouco, bebe. Se não bebe, não sente alegria. Uma festa, um jantar, um baile, no começo é coisa profundamente fúnebre. Os convidados olham um para a cara do outro, como que querendo perguntar: o que viemos fazer aqui? Depois de beberem um pouco, então, começam a se animar e a rir, mas é um riso triste, um riso de choro. O homem atravessa a vida chorando. Se vamos conversar com alguém, não vamos com cara alegre, vamos logo choramingando com tristeza: "É a minha doença, porque me dói o estômago, porque me dói o fígado, porque me dói a cabeça, me dói isto e aquilo". Ele tem um rol de doenças e conhece todos os remédios: fala em doenças melhor do que o próprio médico. Conhece-as todas, porque desde criança não faz outra coisa senão esperar, desejar ter sarampo, tosse comprida e todas as outras doenças.

A alegria é coisa difícil; a alegria é coisa que não se compra. Sei que é muito difícil ser alegre.

Havia um palhaço que fazia rir os outros, um riso forçado, um riso como nós damos, às vezes, quando ouvimos um locutor muito desengonçado fazer alguma graça ou quando ouvimos os célebres humoristas contando piadas, que, em regra, são imorais, para poder fazer rir. Esse palhaço que constantemente fazia rir os outros, um dia foi consultar um médico, queixando-se de sua grande tristeza. Tinha uma profunda tristeza, não conseguia rir, não tinha alegria. O médico, depois de lançar mão de todos os recursos, lembrou-se e disse: "Vá assistir à apresentação do palhaço X..." Mas ele respondeu: "Impossível, doutor. O palhaço querido que anda no circo tão aclamado, tem um riso de morte, um riso mascarado, que esconde a dor sem fim do tédio e do cansaço: sou eu esse palhaço". Ele contava piadas, mas não sabia por que estava sempre triste. Estava triste porque nós estamos sempre impressionados, estamos sempre incomodados com alguma coisa, sempre há algo que nos incomoda, que nos aborrece e, para isso, eu receito o

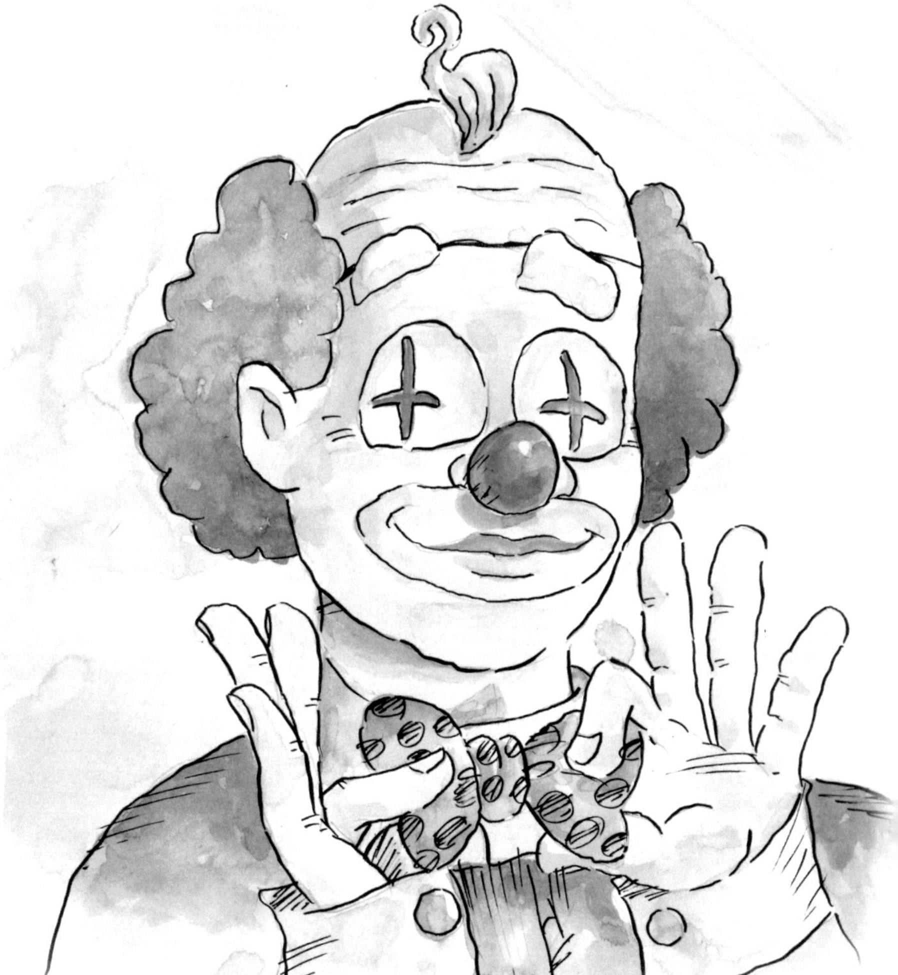

"Ele contava piadas, mas estava triste:
algo sempre incomoda!"

conselho de um poeta inglês, traduzido ou adaptado por Guilherme de Almeida:

"Não se incomode.

Há duas coisas que podem incomodar:
Ser você bem-sucedido, ou ser malsucedido.
Se for bem-sucedido,
Não há motivo algum para se incomodar;
Se for malsucedido, de duas uma:
Ou você conserva a sua saúde, ou fica doente.
Se conservar a sua saúde,
Não há motivo algum para se incomodar;
Se ficar doente, de duas uma:
Ou você sara, ou você morre.
Se você sarar,
Não há motivo algum para se incomodar;
Se morrer, de duas uma:
Ou você vai para o céu, ou para o inferno.
Se for para o céu.
Não há motivo algum para se incomodar;
Se for para o inferno,

Você terá que cumprimentar tantos conhecidos,
Que não terá tempo para se incomodar..."

Mas esse conselho, nós não o seguimos. Estamos sempre incomodados, sempre preocupados e sempre tristes. A nossa tristeza se torna até contagiosa. É uma tristeza coberta de irritabilidade. Noto isso quando desço para o meio dos homens, porque normalmente vivo bem longe deles. Noto que desde a estação há uma irritação, há um mal-estar; o motorista, que me transporta para casa, abre a porta do carro irritado, mal-humorado, porque está sempre zangado. Se faz calor, a primeira coisa que ele diz é: "que calor!" Se faz frio: "que frio!" Tanto um como outro são insuportáveis. Se é o trânsito, diz logo que o guarda de trânsito não presta; se é o pedestre que passa na frente do automóvel, diz logo: "não podia passar noutro lugar?"

Numa loja onde todos procuram comprar, em vez de se encontrar alegria, prazer, vemos todos irritados. Num restaurante, o garçom serve o prato

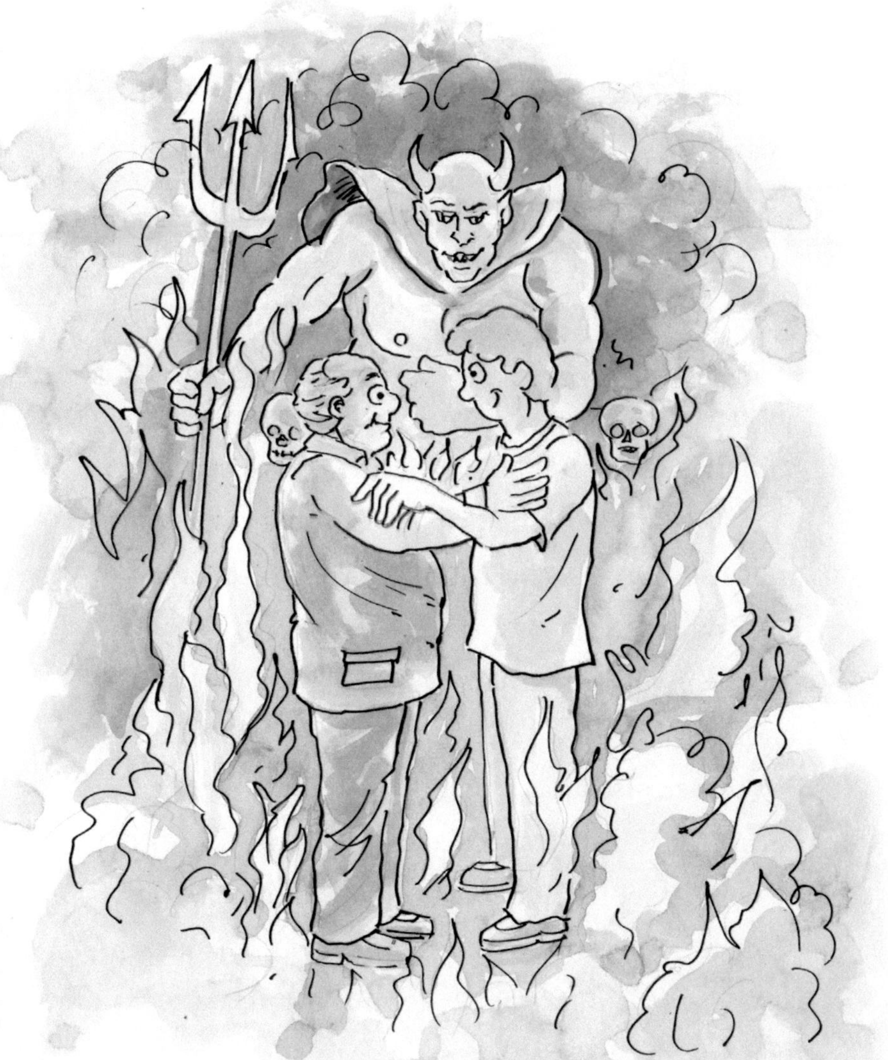

"Se você for para o inferno, terá que cumprimentar tantos conhecidos, que não terá tempo para se incomodar."

de má vontade. Se vamos telefonar, quando discamos o número errado e pedimos informações, a telefonista fica irritada.

Todo mundo anda irritado, todos vivem emburrados. Por que será? Deve ser porque desde pequenos procuram incutir em nosso subconsciente a ideia de que a vida é um vale de lágrimas. Há os que dizem: "chorando e sofrendo neste vale de lágrimas".

Devemos considerar que a nossa arte é uma arte triste, as nossas canções sertanejas e todas as nossas demais canções, são tristes, mesmo as canções de amor. É raríssimo ver-se alguém cantar o amor glorificando-o, cantar o amor na sua plenitude. Canta-se sempre o amor desprezado, triste. A música, em geral, é triste e lamentosa, com exceção do nosso célebre Hino Nacional, que estimula e faz o ânimo levantar-se. Nossa música é melancólica, triste, soturna; faz a gente dormir. A nossa arte é toda arte de tristeza, mesmo as canções leves e a própria música de carnaval. "Um pierrô apaixonado, que vivia só cantando, por causa de uma colombina acabou chorando"; "Foi a camélia que caiu do galho". E todas as outras são tristes, profundamente tristes.

A nossa impressão é que estamos na vida para sofrer e que carregamos nossa cruz de um mundo para o outro. A nossa preocupação é criar outro mundo, onde possamos ser felizes; vamos, então, criando a ideia de um céu feliz, porque lá vamos ser felizes, porque à Terra só viemos para sofrer, para nos aborrecer. Essa é a impressão que temos. Encontramos dificuldades em modificá-la, em criar momentos alegres na vida e em dizer: "a vida é alegre; temos que viver alegres e satisfeitos".

Além disso, o ser triste, o ser soturno torna-se pedinte, só vive pedindo: não faz outra coisa senão pedir. A prece é só para pedir um favor ou agradecer a Deus pelo favor. Porém, fazer uma prece sem motivo é raro. Em regra geral pedimos ou agradecemos e, pagando-se uma conta apresentada, fazemos mais uma promessa, abrimos nova conta com o céu: "Se Santo Antônio fizer isto, dou aquilo; se

Nossa Senhora fizer isto, dou-lhe uma vela grande". Sim, estabelecemos um contrato em troca de uma vela. Se ela faz o que queremos, ganha a vela; se não faz, não ganha a vela. É um contrato que fazemos com o céu. Há mesmo um ditado que diz: "Quem dá aos pobres, empresta a Deus". É uma conta corrente de Deus; ninguém está dando ao pobre por fraternidade, por amor ao pobre, mas sim está emprestando a Deus. Deus é um banco, uma conta particular, a quem emprestamos e de quem esperamos receber, depois, com juros de agiota. As pessoas dizem sempre: "É isso; faço o bem e nunca recebo nada, a não ser pontapés". Quando as pessoas fazem favor, querem receber uma gratidão eterna, querem em troca da venda que fizeram que o beneficiado as glorifique e lhes agradeça a vida inteira.

É o eterno negócio de pedir favores.

Há gente que tem a mania de pedir favores todos os dias a Deus, aos protetores; pedem tudo: saúde, bem-estar, felicidade, uma namorada, uma casa para alugar; pedem tudo. Mas eu pergunto uma coisa: "O homem dá?" Está aí uma coisa difícil: dar. Sim, o homem dá a morte ceifando plantas, atirando nos animais que vivem. É o que ele dá. As árvores são tão amigas que chegam a perfumar o machado que as corta. E os animais morrem vítimas dos heróis caçadores e dos atiradores de pombos. É o que o homem dá; fora disso, não dá nada, nem risada, porque ele, naturalmente, pensa como aquele avarento que não dava nem risada de tão sovina que era.

Ora, após contemplarmos um pouco a natureza, vemos que a natureza inteira dá todas as horas sem pedir retribuição. Os pássaros dão o seu canto. Os pássaros cantam por cantar, cantam porque são alegres, gostam da vida livre, glorificam a natureza. O Sol dá luz, calor, sem pedir coisa alguma; dá luz e calor aos ricos e aos pobres, às flores e ao entulho. Ele dá: está em si dar luz e calor, fazer brotar a vida. A chuva dá a sua água que rega os campos, fertilizando-os. Tudo na natureza dá, está continuamente dando, sem pedir nada em troca. As árvores dão. A árvore dá a sombra com seus galhos, agasalha melhor os pássaros, dá flor e fruto. Ela dá e é companheira inseparável da nossa vida; dá-nos a madeira para nosso berço, madeira para nosso caixão; nela nós nascemos e com ela morreremos. A árvore é amiga da natureza inteira, sem pedir quase nada, sem querer retribuição. Tudo na vida dá; tudo tem alegria de viver, tudo tem vida na natureza e tudo dá ao homem, ao passo que este não dá nada, quase que absolutamente nada, porque é profundamente egoísta, só pensa em si. Cada um de nós pensa que foi o motivo da criação, que o mundo foi criado para si. Deus criou a sua pessoa e tudo deve girar em torno dela; o resto do mundo foi feito para glorificá-la. Essa ideia que temos no subconsciente é que faz com que estabeleçamos uma luta na vida, um conflito, onde cada um quer o máximo para si.

Eis uma belíssima página de Amado Nervo sobre o assunto:

> "Todo homem que te procura vai pedir-te alguma coisa: o rico aborrecido, a amenidade da tua conversa; o

pobre, o teu dinheiro; o triste, um consolo; o débil, um estímulo; o que luta, uma ajuda moral.

Todo homem que te busca certamente há de pedir-te alguma coisa.

E tu ousas impacientar-te! E tu ousas pensar!, Que fastídio! Infeliz! A lei oculta, que reparte misteriosamente as excelências, dignou-se outorgar-te o privilégio dos privilégios, o bem dos bens, a prerrogativa das prerrogativas: "dar". Tu podes dar!

Em todas as horas de que é feito um dia, tu dás, ainda que seja um sorriso, ainda que seja um aperto de mão, ainda que seja uma palavra de alento. Em todas as horas de que é feito um dia, tu te assemelhas a Ele, que não é senão doação perpétua e perpétuo regalo.

Devias cair de joelhos e dizer: Graças, meu Deus, porque posso dar! Nunca mais pelo meu semblante passará uma sombra de impaciência! Em verdade, em verdade vos digo que mais vale dar que receber!"

Aprendamos a dar e encontraremos prazer na vida. Podemos dar todas as horas um simples pensamento de amor, um pensamento de bem, um pensamento de alegria. Ao acordar, elevemos nosso pensamento ao Criador e agradeçamos-Lhe mais um dia que vamos viver para glorificá-Lo, para nos melhorar, para nos aprofundar, para nos aproximar de sua Divindade. Glorificando o nosso pensamento, ergamos depois um pensamento a todos os seres, a todos os que lutam e sofrem e, quando sairmos de casa, encontraremos milhares de oportunidades para dar um sorriso aqui, a mão ali; adiante, passamos a mão na cabeça de uma criança, uma palavra de fraternidade ao jornaleiro, uma graça para o cobrador receber nossa passagem. Mas infelizmente nós não podemos fazer isso, nossa responsabilidade e nossa seriedade não permitem que conversemos com alguém. Não. Entre brancos e negros há distinção de classe, de poder. Se damos um sorriso para uma criada, para um empregado, logo olham para nós desconfiados. Sim, porque uma criada, um empregado são seres inferiores, cada um de nós tem um ser que lhe é inferior. Cada um olha para baixo e vê um ser que lhe é inferior; e ele, portanto, quer ter superioridade, quer guardar sua autoridade superior.

Conta Machado de Assis, numa de suas brilhantes páginas, que, em pequeno, Quincas Borba teve um escravo moleque, a quem fazia de boneco, chicoteava, fazia de cavalo e dizia uma porção de palavras ofensivas. Anos depois, Quincas Borba dá liberdade ao escravo e vai para Minas Gerais. Voltando, um dia, ao Rio de Janeiro e, passando numa daquelas ruelas da velha Capital Federal, viu ali um moleque, um mocinho que sovava um negro, e dizia palavras que seu subconsciente lhe trouxe à memória, as mesmas palavras que dizia antes ao seu escravo. O mocinho era o antigo escravo de Quincas Borba, que depois de sua liberdade, comprou um escravo para retribuir as palmadas que tinha ganho de Quincas Borba. Por conseguinte, batia no escravo, dizia-lhe as mesmas palavras, montava nele para se vingar, e para desabafar transmitia a outro o que recebera de seu amo.

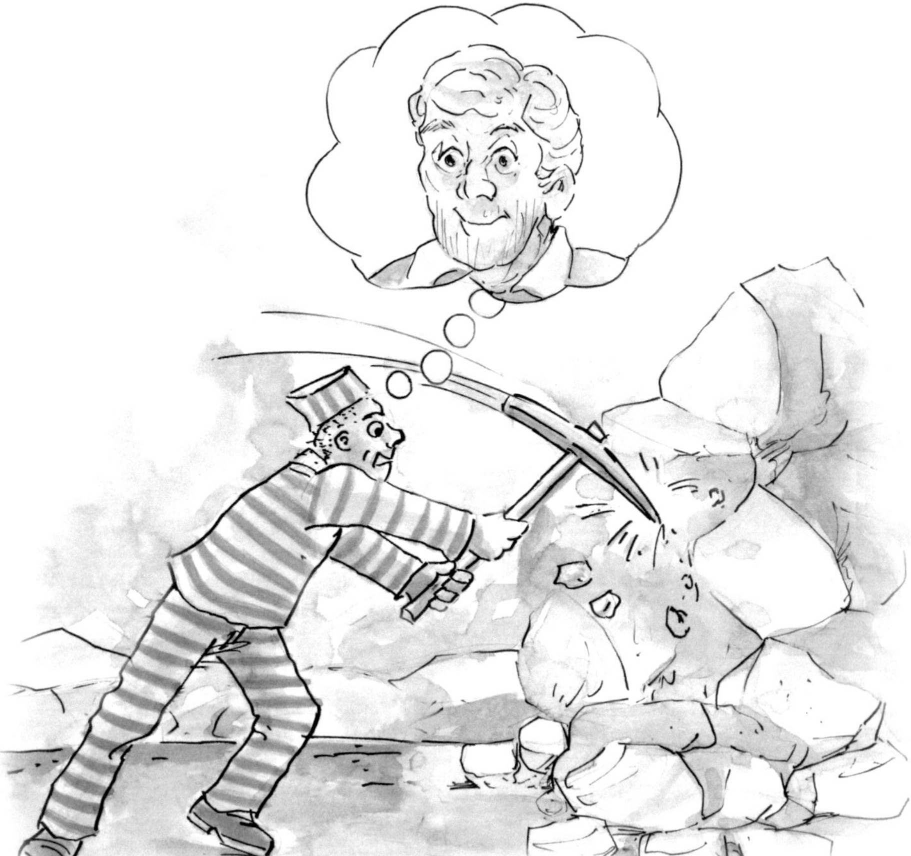

“Pense na cara do seu amigo, pegue na picareta e bata com força.”

É conhecido o caso de um preso que teve de trabalhar de picareta e encontrou dificuldades, má vontade. Um amigo de prisão, um dia, perguntou-lhe: "Diga-me uma coisa, por que você está aqui?" "Foi por causa de um amigo que me traiu". "Então, pense na cara desse amigo, pegue na picareta e bata com força. Quando você bater a picareta, lembre-se da cara do seu amigo". Assim ele conseguia trabalhar e não se cansava, porque não estava trabalhando, mas estava dando picaretadas na cabeça do amigo.

Ora, devemos livrar-nos desses recalques, devemos criar em nossa mente uma atitude de alegria, de prazer, uma atitude vitoriosa. Eu já disse e continuo dizendo: Sei como é difícil, porque a minha psicologia individual tem-me feito estudar o indivíduo, dissecá-lo e acabei conhecendo profundamente o pensamento de cada um. Da psicologia individual se extrai a psicologia coletiva.

No prédio de apartamentos onde moro, alguém diz com orgulho: "Resido aqui há cinco anos e não conheço ninguém!" Pode ser que eu não conheça ninguém, mas cumprimento todos; entro pela porta de trás, dou para todos um sorriso. Alguém há de pensar que estou errado. Não faz mal, continuo cumprimentando, dando minhas risadinhas, dirigindo duas palavras ao padeiro, ao açougueiro, etc. Muitas vezes, nas minhas frases eles encontram algum consolo, e saem satisfeitos, dizendo: "Aquele senhor falou comigo". Sim, porque para alguém necessitado, somos alguma coisa mais, devemos dar alegria, prazer aos outros. Precisamos falar com alguém, contar a alguém coisas para nos tornarmos alegres, felizes.

Se sentirmos a glória e a alegria de viver, não precisaremos de riqueza, nem do auxílio de todos, porque todos são nossos companheiros na jornada da vida, todos lutam, amam, sofrem, padecem — homens e animais — todos caminham para o mesmo fim, para a mesma morte, direi mesmo, para o desconhecido, ainda que só se creia no desconhecido; caminhamos todos para o mesmo fim na mesma jornada. E, então, por que não fazemos todos uma grande amizade?

Recordo-me de uma viagem que fiz num transatlântico, onde os passageiros de primeira classe não se cumprimentavam e ainda no terceiro dia não conversavam. Um olhava para o outro e pensava: "Esse sujeito será batedor de carteira?" Era a impressão que tínhamos uns dos outros. Mas, no terceiro dia de viagem fomos surpreendidos com um formidável temporal; o mar jogava violentamente; o céu estava escuro e de todos os lados apareciam nuvens negras. Então, um passageiro foi-se chegando ao outro e perguntando: "Será que vem a tempestade?" "Será que não vem?" "Será que vamos passar por esse temporal?" Todos os passageiros, de primeira, de segunda, de terceira classes, estavam unidos, não havia mais distinção de categoria social, de nada. Só queriam saber se a tempestade viria ou não e, naquela hora, todos se sentiam como irmãos. No dia seguinte, o mar estava sereno e cada classe se isolou da outra; cada um voltou à sua importância e à sua responsabilidade, porque, na vida, o passageiro de primeira não pode conhecer o passageiro de terceira classe.

Se nós sentíssemos, como a natureza, a glória de viver! E quem vive entre a natureza, quem acorda, como eu, e vê os pássaros alegres e as flores desabrochando, sem perguntar: "Qual é o meu destino?" Sim, porque as flores não sabem se vão morrer no pé, se vão enfeitar um vaso, se vão ornar um ramalhete de casamento ou um caixão de morto. Elas florescem, abrem-se pelas glórias, pela alegria de viver e oferecem o seu pólen às abelhas e aos colibris. Toda a natureza vive alegre, feliz. Eu sinto nos animais, nas plantas, nas flores e mesmo nos minerais, a alegria de viver, a glória de viver. Só o homem é triste; só o homem não tem alegria de viver sua vida; para ele a vida é permanentemente um fardo pesado. Triste Criador, ó Deus, que não soubeste dar à tua criatura, feita à tua imagem e semelhança, outra coisa senão um fardo e a ambição.

Belíssima esta oração de S. Francisco de Assis, entregue a todo o mundo:

Oração de S. Francisco de Assis

Senhor,
fazei-me instrumento de vossa Paz.
Onde haja ódio, consenti que eu semeie Amor!
Perdão, onde haja injúria;
Fé, onde haja dúvida;
Esperança, onde haja desespero;
Luz, onde haja escuridão;
Alegria, onde haja tristeza.

Ó Divino Mestre,
permiti que eu não procure tanto
ser consolado quanto consolar;
ser compreendido quanto compreender;
ser amado quanto amar.
Porque é dando que recebemos;
perdoando que somos perdoados.
E é morrendo que nascemos para a
Vida Eterna.

Depois da morte não é que começa a vida; a morte é uma continuação da própria vida, é o caminho para a nossa própria vida, é o caminho para a nossa própria glorificação. Vamos fazer, então, dentro de nós mesmos, um projeto: tornemo-nos alegres deste momento em diante, vamos ter um rosto alegre, porque, se há alguma coisa desanimadora, é um rosto triste, uma cara de choro. Vamos modificar nossa atitude mental; vamos buscar dar, em vez de pedir; dar a todas as horas alegria, e quando não tivermos mais para dar, daremos um sorriso, um profundo amor, um aperto de mão que é tão fácil.

Precisamos modificar, para isso, um princípio que nos puseram na mente, que é um princípio profundamente errado e que é preciso ser modificado: TU ÉS PÓ E EM PÓ HÁS DE TORNAR-TE! Não é verdade; o certo é: TU ÉS UM DEUS E EM DEUS HÁS DE TORNAR-TE!

10

Dados Biográficos de Arthur Riedel

Discurso proferido por
Cinira Riedel de Figueiredo

O Círculo Esotérico da Comunhão do Pensamento presta hoje uma homenagem àquele que foi um servidor incansável dos milhares de seus sócios. É uma homenagem póstuma, no dizer comum; para nós, porém, que sabemos estar ele presente e mais vivo do que dantes, a homenagem não se reveste de lágrimas nem dores. Ela é a manifestação dos sentimentos e pensamentos comungados, repletos de gratidão pelo muito que recebeu, e o desejo de continuar a receber a sua inspiração e o seu auxílio.

Pediram-me que falasse sobre você, Arthur! Nada poderei dizer de sua vida externa, pois embora irmãos, sempre nos preocupamos pouco em conversar sobre o que éramos ou fazíamos. Pouco ou nada soube de sua vida material. Sempre comungamos em espírito, e pessoalmente tenho a pretensão de haver acompanhado de perto as lutas e ascensões de sua alma. Recordo-me, como se fosse hoje, da nossa infância; da sua meninice como criança peralta e trabalhosa, consequência do excesso de vida que se irradiava de uma personalidade em formação. Vejo-o na juventude. Acompanhei seus sonhos e amores, voando como a borboleta de flor em flor. Vejo-o poeta e sonhador aos 15 anos. Lembro-me de seus improvisos, que eram a nota interessante em nossas reuniões. Ouço ainda suas declamações ao som da "Dalila", tocada por Biroca.

Revejo o nosso velho pai cheio de jovialidade, dizendo versos que ele próprio escrevia aos 60 anos e que só você guardava de memória e levou consigo para o túmulo. Sinto ainda o aguilhão da dor a lacerar nossas almas, quando ele partiu. E tenho em mãos o soneto que há 43 anos, debruçado sobre o corpo daquele que foi a luz de nossa vida, você escreveu. Ei-lo:

A MORTE DE MEU PAI

Devo cerrar os lábios em frente dos abrolhos,
que já sinto a revolta em frente do martírio!
Não quero ver sequer o meigo azul do empíreo,
que já ruge a blasfêmia em fogo nos meus olhos!

A lei, a mesma lei que faz arder um círio,
que rege a tempestade em cima dos escolhos,
a injusta lei que ao céu dá fúlgidos esfolhos
e à terra empresta o roxo e desmaiado lírio,

Também te aniquilou! E há um Ser perfeito,
um Ser que tudo pode!... Entanto, no meu peito,
ninguém pode abafar tão rijos escarcéus!

Pois vai! que a voz de um ente, a tanta dor exposto,
e a lágrima que cai gemendo no meu rosto,
subam aos céus, absorvam luz, comovam Deus.

Experimento ainda a dor da sua alma pela perda irreparável do nosso progenitor, e acompanhei compungida todas as suas desilusões. A sua juventude foi como um barco que desliza em busca de um porto de salvação. Espírito brilhante, em luta sempre; perdendo muitas vezes o contato com a terra, sonhando com o impossível.

Relembro as nossas idas às sessões espíritas donde voltávamos descrentes da presença do nosso pai, mas crentes de que algo existia além, muito além das nossas concepções limitadas e materialistas. Discutíamos e procurávamos compreender e sentir a divindade, e você expandia em versos o seu anseio de conhecimentos.

Os anos decorreram, e com a maturidade, a sua alma foi-se assenhoreando do seu corpo, e com o seu casamento e a certeza da vida após a morte, você resolveu o problema da vida que o afligia e até descontrolava a sua personalidade. Vejo-o então o professor, entusiasta pela criança, preocupado com os problemas pedagógicos, dirigindo um grupo escolar, formando a mais bela associação de escoteiros na cidade de São Carlos.

Aí seus sonhos desceram do céu à Terra. Nesta época apareceu para a criança do Brasil uma nova esperança. Um grupo de professores entusiastas, esquecidos do dinheiro e compenetrados do verdadeiro papel de educadores, reunia-se para defender os interesses da criança. E você foi um trabalhador audaz. Abandonava o conforto do lar para viajar com os escoteiros, tornava o seu grupo escolar um exemplo de aplicação de novos métodos de ensino e, mais ainda, reunia os professores num ambiente tão amigo, em que todos trabalhavam por prazer. Até hoje guardo os trabalhos pedagógicos daquela época; coisas práticas, e não as teorias e mais teorias ainda tão em voga. Há sete dias, ao lado de seu corpo, amigos daquele tempo lamentavam que o nosso sonho houvesse, com o decorrer dos anos, fugido tanto da realidade.

Apesar de espiritualista sempre, você começou então a pisar a terra firme. Enquanto a sua alma voava pelo espaço infinito, sua mente encarava frente a frente os problemas sociais, nacionais. Amava o nosso povo e sentia o Brasil. Ativo no comércio, benquisto de todos, desenvolveu qualidades mentais que mais tarde foram aplicadas em benefício dos outros.

Como esposo e pai, sua vida legou ao mundo um nobre exemplo. Ao lado da esposa, que sempre foi incentivo e amparo em todos os seus trabalhos, sempre modesta mas corajosa e fiel ao compromisso assumido perante Deus de ser a sua amiga e companheira, souberam ambos sofrer com resignação cristã a perda de uma filha idolatrada. E mais dois filhos que ficaram, contemplamo-los seguindo sua diretriz firme e segura.

O Arthur poeta, educador, patriota e chefe de família, surge afinal como o grande amigo da humanidade sofredora. Sentiu a dor do mundo, e, não podendo resolver os seus problemas por meios materiais, trabalhou, ativamente, no Espiritismo, investigando, e depois na Sociedade Teosófica em atividades práticas. Pouco cuidando de teorias, fundou cursos instrutivos, deu aulas, reuniu a mocidade, a quem nunca cessou de mostrar o caminho da verdadeira liberdade pelo pensamento. Foi co-maçom dedicado à Grande Causa... Recordo-me da sua iniciação na Co-maçonaria, quando você disse: "Este é o trabalho ritualista que me atrai". Tanto assim que, anos mais tarde, envidou todos os esforços para reerguer as colunas de nossa Loja Co-maçônica, e com sacrifício pessoal a manteve em atividade muito tempo.

Dias antes de partir, você falava sobre essa Loja e pedia que fosse colocado a seu lado o retrato do Mestre, de quem você afirmou sentir sempre a influência benfazeja em toda a sua vida.

Foi amigo de Krishnamurti. Conviveu com ele, dizendo-nos depois: "Esta graça recebemos só de século em século; é preciso saber aproveitá-la".

Percebi então que um novo mundo se abriu para você. Veio então a sua "Escola da Vida", que se tornou um centro de atividade espiritual e humanitária, e surgiu logo após o seu famoso lema "HEI DE VENCER", sem forma, de pura abstração. E você explicava "Hei de Vencer... o quê, não sei; Eles o sabem". Era um meio prático de evitar muletas, e fugir das preces inexpressivas da nossa personalidade.

E esse lema se radicou no Círculo Esotérico da Comunhão do Pensamento, onde você achou, como muitas vezes disse, campo para o seu trabalho. Foi aí um revolucionário de ideias. Eram palestras destruindo formas mentais criadas, tirando muletas e levando milhares de pessoas a vencerem-se por si mesmas. Estes foram os seus trabalhos de cura: despertar o indivíduo e acordar nele a centelha divina ainda latente.

Nessa época, já doente, você se esqueceu de si completamente. Viajava de avião, de trem, de automóvel, percorrendo o Brasil, levando, além de sua palavra estimulante, seu magnetismo pessoal. Não era mais o Arthur Riedel: foi daí por diante o "Professor".

O Professor tão conhecido pelos sócios do C.E.C.P. O Professor que contava histórias, fazia rir jovens e velhos, e conversava com todo mundo. Suas histórias despertavam na consciência daqueles que as ouviam, algo de novo, de mais vivo e mais real.

E no auge do seu trabalho, rodeado de uma família de dedicação sem limites, de amigos gratos, você nos deixou. Poderíamos lamentar sua partida? Daquele que venceu? Daquele que partiu consciente, e antes de partir já nos dizia: "Agora vou trabalhar como auxiliar invisível"?

Continue o seu trabalho, Arthur. E nós aqui estamos com você, repetindo sempre o seu lema:

"HEI DE VENCER"